संसद् में नितिन गडकरी

संपादक

राकेश शुक्ला

प्रभात प्रकाशन, दिल्ली
ISO 9001:2008 प्रकाशक

प्रकाशक • **प्रभात प्रकाशन**
4/19 आसफ अली रोड,
नई दिल्ली-110002

संस्करण • प्रथम, 2017
मूल्य • पाँच सौ रुपए
मुद्रक • दीप कलर स्कैन, दिल्ली

SANSAD MEIN NITIN GADKARI *Ed.* Rakesh Shukla ₹ 500.00
Published by Prabhat Prakashan, 4/19 Asaf Ali Road, New Delhi-2
e-mail: prabhatbooks@gmail.com ISBN 978-93-5266-002-5

अध्यक्ष, लोक सभा
SPEAKER, LOK SABHA

प्रस्तावना

मानव सभ्यता के विकास क्रम में शासन की अनेक प्रणालियाँ अस्तित्व में आईं और इनमें लोकतांत्रिक शासन-प्रणाली का सर्वाधिक सम्मान हुआ है। लोकतांत्रिक विचारों का इतिहास उतना ही पुराना है, जितना राजनीतिक विचारों का। कालिदास कृत अभिज्ञान शाकुन्तलम् में कहा गया है—''अविश्रमोऽयं लोकतंत्रस्य सर्वाधिकार: अर्थात् लोकतंत्र में जनता का यह नियमित अधिकार होता है कि अपने शासक से कभी भी मिल सकते हैं। यही सच्चे लोकतंत्र का परिचायक है।

भारतीय लोकतंत्र में संसद् को पवित्र एवं सर्वोच्च मंदिर माना जाता है। यही से भारतीय जनमानस की समस्याओं के निराकरण एवं अपेक्षाओं की पूर्ति का मार्ग प्रशस्त होता है। संसद् से हमें भारत के हर क्षेत्र की प्रगति की वस्तुस्थिति का पता चलता है। इससे ही आम लोगों की संप्रभुता को अभिव्यक्ति मिलती है।

जनता से चुनकर आए संसद् सदस्य यहाँ पर अपने संसदीय क्षेत्र की समस्याओं एवं स्थितियों के बारे में समुचित जानकारी प्रस्तुत करते हैं एवं उन समस्याओं के समाधान का रास्ता भी यहीं से मिलता है। भाषण करते समय जनता की इच्छाओं की अभिव्यक्ति सभा में रखना एवं उस अनुसार कार्य करवाना, इस भूमिका में नितिन गडकरी अक्षरश: खरे उतरे हैं।

नितिनजी के व्यक्तित्व में प्रगतिशीलता, वैज्ञानिकता, संवेदनशीलता एवं अध्ययनशीलता का अनूठा संगम है। सन् 1989 में पहली बार महाराष्ट्र परिषद् में चुनकर आए और तब से उन्हें विधायी कार्यों का दीर्घकालीन अनुभव है।

महाराष्ट्र में लंबे कार्यकाल के पश्चात् उनके वृहद् व व्यापक अनुभव को देखते हुए उन्हें राष्ट्रीय स्तर पर भी बड़ी जिम्मेदारी दी गई। भारत के कैबिनेट मंत्री के रूप में उन्होंने न केवल महत्त्वपूर्ण नीतिगत निर्णय लिये; बल्कि मंत्रालय द्वारा चलाए जा रहे विकास कार्यों को गति प्रदान कर देश में अधोसंरचना के विकास में महत्वपूर्ण भूमिका निभाई है।

गडकरीजी की विशेषता है कि वे अध्ययन में रुचि रखते हैं और उन्हें विविध विषयों की गहरी समझ है। वे एक कुशल सांसद एवं मंत्री तो हैं ही, साथ ही संसद् में चर्चा और विचार-विमर्श से उनकी बुद्धिमत्ता एवं परिपक्वता भी झलकती है। उनके विचार-विमर्श में जनता की चिंताओं के प्रति प्रतिबद्धता झलकती है और उनका प्रयास रहता है कि वातावरण को कटुता व उग्रता से मुक्त रखा जाए। संसदीय कामकाज का मूल्यांकन करना एक अच्छी परिपाटी है, जिसका अनुपालन अब ज्यादातर सांसद कर रहे हैं। नितिन गडकरीजी ने संसदीय परंपरा एवं परिपाटी को बखूबी निभाया है।

वर्तमान में वे केंद्रीय सड़क परिवहन, राजमार्ग एवं पोत परिवहन मंत्री के पद पर देश को सेवा दे रहे हैं एवं उन्होंने अपनी उत्कृष्ट कार्य-प्रणाली से संसदीय कार्य-परंपरा को और उन्नत किया है। मंत्री के रूप में वह उत्कृष्ट कार्य कर रहे हैं, जिसका अनुभव हम सभी को प्रश्नकाल के समय होता है, जब उनके उत्तर से पूरा सदन संतुष्ट होता है।

भारतीय संसद् की सबसे स्वस्थ परंपरा यह है कि यहाँ वरिष्ठ सदस्यों की तरफ से पहली बार चुनकर आए साथी सदस्यों के प्रति सदैव सहयोग का भाव होता है एवं उन्हें संसदीय परंपराओं से जोड़ने एवं प्रशिक्षण देने में वरिष्ठ सहयोगी कभी पीछे नहीं रहते। नितिन गडकरीजी ने भी अपनी इस जिम्मेदारी का निर्वहन बहुत ही शालीनता एवं कुशलता से किया है। वे किसी भी प्रश्न का उत्तर इतनी सरलता से एवं सीधे शब्दों में दे देते हैं, जिससे संसद् सदस्य, सदन और देश की जनता, सभी को जटिल मुद्दे भी आसानी से समझ में आते हैं।

आमतौर पर सत्ता और विपक्ष के बीच सरकारी कामकाज को लेकर सहमति आसान नहीं होती है, लेकिन माननीय नितिन गडकरीजी इसके अपवाद हैं। उनके द्वारा निर्धारित कार्य समयावधि में ही संपन्न हो रहे हैं, जो उनके आत्मविश्वास, कार्य-प्रणाली और देश के प्रति उनकी जिम्मेदारी का परिचायक है।

'संसद् में नितिन गडकरी', इस पुस्तक में उनके संसद् में दिए गए भाषणों का संकलन है। यह निश्चित तौर पर एक स्मरणीय संकलन सिद्ध होगा। माननीय नितिनजी को उज्ज्वल भविष्य की शुभकामनाएँ।

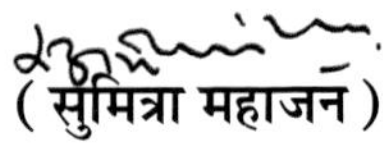

(सुमित्रा महाजन)

अनुक्रम

राज्यसभा

लोकसभा

तालाब में उतरेंगे सी-प्लेन

(केंद्रीय पोत परिवहन, सड़क परिवहन एवं राजमार्ग मंत्री श्री नितिन गडकरी द्वारा लोकसभा में मर्चेंट शिपिंग (संशोधन) विधेयक-1958 पेश किया गया। विधेयक पर हुई बहस एवं श्री गडकरी के भाषण का अंश)

मैं इस सदन के सामने अंतरराष्ट्रीय मानक के हिसाब से मर्चेंट शिपिंग संशोधन विधेयक बनाकर रख रहा हूँ। इस विधेयक से पाँच हजार टन से ऊपर के मालवाहक जहाज में रासायनिक पेंट लगाया जाता है। उसे एंटी फालिंग सिस्टम कहा जाता है। इसके लिए एंटी फालिंग सिस्टम कन्वेंशन, 2001 में अंतरराष्ट्रीय मैरीटाइम ऑर्गेनाइजेशन ने मानक निश्चित किए। इसका मुख्य लाभ है—to ptotect the environment, marine life and food chain। क्योंकि, जो पेंट लगाया जाता है, उसमें केमिकल के कारण हमारे पर्यावरण के लिए खतरनाक स्थिति बनती है और समुद्री जीवन भी समाप्त होने की संभावना है। ये खतरनाक रासायनिक पेंट्स हैं, ये केवल शिप के नीचे वाले पार्ट्स में लगेंगे। उसके कारण शिप में स्पीड भी बढ़ेगी और तेल खपत भी कम होगी। उसका एक बड़ा फायदा यह है कि इससे रख-रखाव के खर्च में कमी आने के साथ पर्यावरण को बढ़ावा मिलेगा। इससे जहाज की रफ्तार अच्छी रहेगी। हमने इसे केवल व्यावसायिक तौर पर अनुमति दी है। जो फिशिंग वेसल्स, नेवल वेसल्स, इंडियन वेसल्स है, Less than 400 gross tone उनका जो वजन है, उन पर यह लागू नहीं है। यह विधेयक संसदीय समिति के अनुशंसा के आधार पर ही बनाया गया है। दूसरा बिल काम करनेवाले श्रमिकों से संबंधित है। इसका

indergarten

शिपिंग इंडस्ट्री और सीफेयर दोनों ने समर्थन किया है। इसमें श्रमिकों के अधिकार के साथ उनके कार्य तथा रहन-सहन पर विशेष ध्यान दिया गया है। विधेयक में श्रमिकों के स्वास्थ्य के बारे में चिंता की गई है। इसमें सामाजिक सुरक्षा के साथ उनके अधिकारों की रक्षा है। अंतरराष्ट्रीय स्तर पर आई.एल.ओ. आर्गेनाइजेशन ने अंतरराष्ट्रीय नियम तैयार किए हैं, जो विशेष रूप से अधिकार के बारे में हैं। ये दोनों बिल संसदीय समिति की सिफारिश के आधार पर आए हैं। मैं माननीय सदस्यों से प्रार्थना करता हूँ कि इसे मंजूर करें।

Chairperson Dr. Ratna De (NAG): Motions moved:

"That the bill further to amend the Merchant Shipping Act, 1958, as passed by Rajya Sabha, be taken into consideration."

And

"That the bill further to amend the Merchant Shipping Act, 1958, as passed By Rajya Sabha, be taken into consideration."

(संसद् में विधेयक पर खुली बहस हुई। सांसदों की तरफ से कई तरह के सुझाव दिए गए। श्री नितिन गडकरी द्वारा उस पर सरकार का दृष्टिकोण रखा गया।)

मेरी तरफ से 1958 के मर्चेंट शिपिंग ऐक्ट में सुधार करने के लिए जो प्रस्ताव रखा गया है, उसका माननीय सदस्यों ने समर्थन किया और उस पर बहुत अच्छे सुझाव दिए। इसलिए मैं माननीय सदस्यों के प्रति आभार व्यक्त करता हूँ। यह जो विधेयक है, यह फारेन वैसल्स के लिए पूरी तरह से उपयोगी है। उसके साथ-साथ इस बिल के जो नियम हैं, वे भी उनके ऊपर लागू हैं। हमने संसदीय समिति के 500 टन वजन से नीचे वाले जो वैसल्स देश में हैं, उन पर यह लागू नहीं करनेवाले सुझाव को स्वीकार किया है। इनलैंड वाटर वालों पर भी यह नियम लागू नहीं होगा। इसलिए स्वाभाविक रूप से अंतरराष्ट्रीय स्तर के आई.एल.ओ. में जो नियम बने हैं, वे निश्चित रूप से भारतीय जहाज पत्तन में लागू होंगे। इस बिल को लेकर कुछ लोगों ने सी-फेएरर्स के बारे में चिंता जताई है और विशेष रूप से सोमोलिया में हुए अपहरण के बारे में काफी चिंता व्यक्त

की गई है। मैं, आपको विश्वास दिलाना चाहता हूँ कि इस समय देश का कोई भी व्यक्ति अपहरित नहीं है। सबको मुक्त करा लिया गया है। सदन द्वारा मछुआरों के बारे में चिंता व्यक्त की गई थी। मैं अभी रामेश्वरम गया था। मेरे साथ हमारे राज्यमंत्री श्री पोन राधाकृष्णनजी भी थे। वहाँ के फिशरमैन के परिवार के लोगों से मैं मिला। उन्होंने मुझे अपनी व्यथा बताई। तमिलनाडु और श्रीलंका के बीच में बार-बार फिशरमैन के सामने समस्या खड़ी होती है। उस परिवार का दुख-दर्द समझने के बाद मैंने आकर माननीय प्रधानमंत्रीजी और विदेश मंत्रीजी से बात की और उनकी भावना और निवेदन से उन्हें अवगत कराया। इनसे मैंने प्रार्थना की कि आप श्रीलंका सरकार से बात करिए। मुझे इस बात की खुशी है कि हमारे प्रधानमंत्रीजी ने श्रीलंका के राष्ट्रपतिजी, प्रधानमंत्रीजी से बात की। हमारे विदेशमंत्री ने श्रीलंका के विदेशमंत्री से बात की और वहाँ जो फिशरमैन बंदी थे, उन्हें सजा नहीं दी गई, बल्कि छोड़ा गया। यह सही है कि जुरमाना की राशि बहुत कम है। परंतु स्वाभाविक रूप से इसमें संसदीय समिति की सिफारिश को स्वीकार किया गया है। कई सदस्यों की तरफ से आयु के बारे में सवाल उठाए गए हैं। पहले आयु सीमा 15 थी, अब 16 की जा रही है। अंतरराष्ट्रीय प्रशिक्षण में यह आयु सीमा 16 ही है। इसलिए जो अंतरराष्ट्रीय मानक है, उसी के आधार

पर 16 वर्ष की आयु निश्चित की गई है। प्रशिक्षण और रोजगार के संबंध में पश्चिम बंगाल, चेन्नई सहित सभी समुद्र तट के लोगों ने अपेक्षा व्यक्त की है। अभी सम्मानित सदस्यों की तरफ से कहा गया कि हमारी शिपिंग इंडस्ट्रीज की स्थिति अच्छी नहीं है, यह बात सही है। पूरी दुनिया में साढ़े छह लाख लोगों को इस इंडस्ट्रीज में अंतरराष्ट्रीय स्तर पर रोजगार मिला हुआ है। लेकिन भारत में हम छह हजार लोगों को अप्रेंटिसशिप की ट्रेनिंग नहीं दे सकते, कारण भारत की शिपिंग इंडस्ट्रीज की स्थिति अच्छी नहीं है। इसलिए मैंने एससी-एसटी, अल्पसंख्यक मंत्रालय और कौशल विकास मंत्री को कम ब्याज पर कर्ज देने का प्रस्ताव दिए हैं। जिसे उन्होंने स्वीकार कर लिया है। इसमें दस लाख का खर्चा आता है। किसी विदेशी फ्लैग के शिप पर अगर ट्रेनिंग लेने के लिए हवाई जहाज से उस देश में जाते हैं तो, वहाँ एक साल रहना पड़ेगा। ट्रेनिंग के दौरान कोई वेतन नहीं मिलेगा। इस तरह से ट्रेनिंग में एक साल में दस लाख रुपए का खर्च आता है। स्वाभाविक है कि गरीब, पिछड़े वर्ग एवं अल्पसंख्यक समाज के लोग यह खर्च नहीं उठा सकते। इसलिए मैंने मंत्रालय को प्रस्ताव दिया कि इस तरह के लोगों को ऋण के रूप में या अनुदान के रूप में पैसा मिलता है तो वे नौकरी मिलने के बाद छह माह में यह पैसा वापस कर सकते हैं। हमने पचास करोड़ रुपए का कौशल विकास से संबंधित प्रस्ताव कैबिनेट को भेजा है। मैं बताना चाहता हूँ कि हमने शिपिंग कॉरपोरेशन ऑफ इंडिया के एक शिप को ट्रेनिंग शिप बनाकर चालू करने का निर्णय किया है। लेकिन समस्या यह है कि एक शिप पर हमारी प्रतीक्षा सूची पाँच हजार की है। एक शिप पर हम सालभर में पाँच सौ लोगों को ट्रेनिंग दे सकते हैं। एक शिप पर कैपिटल इनवैस्टमेंट इतना बड़ा होता है कि यह काम मुश्किल हो जाता है। दूसरी ओर विदेशी फ्लैग शिप वालों को लोगों की जरूरत है, परंतु वे दस लाख रुपए खर्चा करने की स्थिति में नहीं हैं। इसलिए मेरी तरफ से ऐसी योजना शुरू की जा रही है, जिससे देश का बेरोजगार विदेशी फ्लैगशिप में प्रशिक्षण ले सके।

इसके अलावा प्रशिक्षण के लिए चेन्नई में मैरीटाइम विश्वविद्यालय भी है। यह बात सही है कि शिपिंग और इनलैंड वाटरवेज में हम लोग बहुत पीछे हैं। अभी माननीय सदस्य ने जो बात कही है और मुझे भी इस बात का दुःख होता

है कि हम लोगों ने इस बारे में अभी तक ठीक तरह से काम नहीं किया है। यह बहुत बड़ा क्षेत्र है। इसमें रोजगार के बहुत अवसर हैं। इसमें अर्थव्यवस्था को बेहतर करने के साथ पर्यावरण की सुरक्षा भी होगी। उदाहरणस्वरूप अगर सड़क से सामान ले जाते हैं तो डेढ़ रुपए खर्चा आता है। रेलवे से ले जाने पर एक रुपए खर्चा आएगा। वहीं पानी से सामान ले जाने पर केवल 20 से 25 पैसा खर्चा आएगा तथा प्रदूषण की समस्या भी हल होगी। इससे बड़ा दुर्भाग्य क्या होगा कि भारत में ज्यादा प्रदूषण करनेवाले को सब्सिडी और इन्सैंटिव दिया जाता है। कम प्रदूषण करनेवाले को प्रोत्साहन नहीं मिलता। इसलिए इनलैंड वाटरवेज को हमने गुड्स और ट्रासपोर्ट के मामले में प्रोत्साहित करने का फैसला किया है। आपने जो चिंता व्यक्त की है, वह बिल्कुल सही है। अभी जैसा बताया गया कि चेन्नई में ऑटोमोबाइल इंडस्टरी है और वहाँ अच्छी गाड़ियाँ बनती हैं। वहाँ की गाड़ियाँ ट्रक में लदकर दिल्ली, राजस्थान और हरियाणा आती हैं। अभी हमने रो-रो सर्विस शुरू की है। रो-रो सर्विस में चेन्नई से डेढ़-दो सौ ट्रक जहाज से मूंदड़ा पोर्ट में आएँगे और वहाँ से दिल्ली के लिए ट्रक चढ़ाए जाएँगे और वहाँ के ट्रक उतार दिए जाएँगे। हम अभी इस सर्विस का टेंडर निकालने वाले हैं। अभी हमने सागर पोर्ट का निर्णय भी किया है। मैं बताना चाहूँगा कि 'प्रधान मंत्री ग्राम सड़क योजना' मैंने बनाई। अटल बिहारी वाजपेयी सरकार में नेशनल हाइवे की यह पहली योजना बनी। इनलैंड वाटरवेज का महत्त्व कभी मेरे ध्यान में नहीं आया। अगर देश का जी.डी.पी. बढ़ाना है, रोजगार के अवसर पैदा करने हैं तो इनलैंड वाटरवेज को सबसे ज्यादा बढ़ावा दिया जाना चाहिए और यह काम हमारी सरकार करेगी। पहली बार हमारी सरकार ने हल्दिया में आनेवाले इंपोंटेड कोयला को कोलकाता तक पहुँचाने का काम शुरू कर दिया है। जवाहरलाल नेहरू पोर्ट में गोवा से मुंबई कंटेनर आते थे। जब मैं गोवा गया तो देखा कि वहाँ पूरा कंटेनर ट्रैफिक है। मैंने जेएनपीटी से गोवा तक प्राइवेट कंटेनर शुरू करने को कहा। मुझे इस बात की खुशी है कि चौगुले शिप कंपनी ने सप्ताह में एक बार गोवा के पूरे कंटेनर शिप में डालकर जेएनपीटी में पहुँचाने की शुरुआत की। यह इतना सफल हुआ कि उन्होंने सप्ताह में एक की बजाय अब दूसरा चक्कर लगाने की अनुमति माँगी और अब दूसरा शिप भी शुरू हो रहा है। धीरे-धीरे हम

यह कोशिश करेंगे कि इंपोर्टेड कोयला, आयरन को पहुँचाने की व्यवस्था सुनिश्चित हो। आपने ड्राफ्ट के बारे में भी कहा। जहाँ 20 मीटर ड्राफ्ट होता है, वहाँ दो लाख टन का शिप आता है। हमारे यहाँ 13 मेजर पोर्ट्स हैं। माइनर पोर्ट्स राज्य सरकारों के पास हैं। एक-एक पोर्ट में ड्राफ्ट मेंटेंन करना बहुत कठिन है। इसलिए हमने गोवा पोर्ट के 14 मीटर के ड्राफ्ट को 20 मीटर करने का निर्णय किया है। इसे पी.पी.पी. मॉडल में बनाया जाएगा। देश का पहला पी.पी.पी. मॉडल में काम करने का सौभाग्य मुझे मिला। स्टेट बैंक ने अध्ययन किया और गोवा में पहला पी.पी.पी. मॉडल पर 20 मीटर का ड्राफ्ट बनाने का प्रोजेक्ट शुरू हो रहा है। इसमें शिप आने पर 25 डॉलर प्रति टन की बचत होगी। तीन-साढ़े तीन साल में उसके पैसे वसूल हो जाएँगे। सरकार का पैसा खर्च किए बिना यह काम हो सकता है। स्टेट बैंक के एम.डी. मुझसे मिले हैं और उन्होंने उसका अध्ययन किया है। हमने वाराणसी, कोलकाता, हल्दिया के बीच में सेवा शुरू की है। पहला वाराणसी से हल्दिया होगा। इलाहाबाद में थोड़ी समस्या है, इसलिए उसे दूसरे चरण में रखा गया है। वाराणसी से हल्दिया के लिए हमने 4,200 करोड़ रुपए दिए हैं और तीन महीने के अंदर हम टर्मिनल का काम शुरू कर रहे हैं। वैसे अभी हमने कुछ और सुधार किए हैं। हम गंगा में यात्री और गुड्स का ट्रॉसपोर्ट एक साल के अंदर शुरू कर सकेंगे। अभी जो बातें हमने कहीं यह इस बिल के संबंध में नहीं है, लेकिन आप लोगों ने पूछा है, इसलिए बताया है। वाटर पोर्ट में 45 मीटर की विड्थ और पाँच मीटर का ड्राफ्ट है। एयरपोर्ट की तर्ज पर वाटर पोर्ट और सी-पोर्ट बनाए जाएँगे। हालैंड की सरकारी एजेंसी एम्सोडैम उसकी डिजाइनिंग तैयार कर रही है। इसमें खर्च होनेवाली 4,200 करोड़ रुपए की राशि सरकार ने वर्ल्ड बैंक से लेकर दिए हैं। चीन में 20 प्रतिशत गुड्स ट्रासपोर्ट और पैसेंजर ट्रांसपोर्ट पानी में होता है। देश में यह अनुपात केवल 0.05 प्रतिशत है। हम इसे प्राथमिकता देने वाले हैं। इसमें हम दो चीजें कर रहे हैं। ब्रिटिश की हॉवर-क्राफ्ट्स बनाने वाली कंपनी से रक्षा मंत्रालय और गोवा शिप यार्ड ने ज्वायंट वेंचर किया है। अब 70 हॉवर-क्राफ्ट्स गोवा में बनाए जाएँगे। मैं उस कंपनी के हॉवर-क्राफ्ट के साथ रामेश्वरम गया था। अभी 15 दिन पहले मैं लंदन में भी था। मैंने उनसे 250-300 सीट के हॉवर-क्राफ्ट्स

बनाने पर चर्चा की। उसकी स्पीड 80 किलोमीटर प्रति घंटे तक जा सकती है। उन्होंने मुझे उसकी तैयारी के बारे में बताया। मेरी रक्षा मंत्री से भी बात हुई है। हॉवर-क्राफ्ट्स गोवा में बना तो ठीक अन्यथा जरूरत पड़ने पर कोलकाता में हुगली डॉक में बंद पड़े यूनिट को चालू करके हॉवर-क्राफ्ट बनाने के बारे में भी हम सोच रहे हैं। मैं आपको एक और अच्छी बात बताना चाहता हूँ। हमारी सरकार ने सी-प्लेन को अनुमति दे दी है। पानी पर उतरने वाले पहले प्लेन को हमने मुंबई में उतरने की अनुमति दी है। मै चाहता हूँ कि भारत के हर तालाब में प्लेन उतरे। ऐसा इसलिए संभव है, क्योंकि उसमें सिर्फ सौ मीटर जगह लगती है। अंडमान-निकोबार में यह प्लेन सेवा शुरू हो चुकी है। मुंबई शिरडी के बीच भी यह सेवा शुरू हुई है। इससे हमारा पर्यटन भी बढ़ेगा। हमारे एयर स्ट्रिप से प्लेन निकल कर पानी पर उतरेंगे तो नए प्रकार का ट्रांसपोर्ट हमें मिलेगा। यह प्लेन सभी जगह उतर सकता है। इसमें समस्या केवल यह है कि यह कनाडा में बनता है। इसलिए इसकी लागत ज्यादा होती है। भारतीय परिपेक्ष में उसकी कीमत कम करने के लिए मैंने रक्षा मंत्रालय से निवेदन किया है। ज्वायंट वेंचर होने से इसकी कीमत कम होगी। मैं अभी यूरोप गया था। वहाँ मैंने पानी और सड़क पर चलने वाली बस देखी। मैं उस बस में बैठा और चलाया। जवाहरलाल नेहरू पोर्ट ट्रस्ट ने इस बस का ऑर्डर देने का निर्णय किया है। मुंबई में यह बस शुरू की जाएगी। इसके बाद कैटरमैनन के बारे में ऑस्ट्रेलिया कंपनी के साथ हमारी चर्चा हुई है। वहाँ से लाने में टिकट कॉस्ट बढ़ती है, क्योंकि कैपिटल कॉस्ट ज्यादा है। प्रधानमंत्री श्री नरेंद्र मोदीजी के मेक इन इंडिया मंत्र को अपना कर हम उसका निर्माण भारत में करेंगे तो उसकी कीमत कम हो जाएगी। इस इंडस्ट्री को हुगली, कोलकाता में हम शुरू करने के बारे में सोच रहे हैं। जहाँ तक हमारे सम्माननीय सदस्यों ने चेन्नई की सर्विस के बारे में कहा है तो मैं उन्हें यह बताना चाहता हूँ कि दक्षिण में चेन्नई, मंगलौर, गोवा है। इधर गोवा से गुजरात और त्रिवेंद्रम है। त्रिवेंद्रम के बारे में भी मुझे चिंता है। आप किसी भी पार्टी के हों, मेरे पास आइए। अगर आपका काम सही होगा तो मैं आपको वह काम 110 प्रतिशत कर के दूँगा। माननीय सांसदों से एक और अपील करूँगा। हमारे आई.एम.यू. कैंपस कोलकाता, कोंकण, गोवा में हैं। इसमें और सुधार करने की

आवश्यकता है। शिपिंग और इस इंडस्ट्री से जुड़े तकनीकी पाठ्यक्रम की भी दिक्कतें हैं। मैरीटाइम यूनिवर्सिटी चेन्नई में है, उसकी अपनी समस्याएँ हैं। पुरानी सरकार ने जो यूनिवर्सिटी बनाई है, उसमें राज्य सरकार को सहयोग करना चाहिए। यह हमारी बात आप मुख्यमंत्रीजी को जरूर पहुँचाए। अगर यह होगा तो इस यूनिवर्सिटी का देश के लिए बहुत बड़ा उपयोग हो सकता है। कुछ माननीय सदस्यों ने कहा है कि हम इंडियन वेसेल को क्यों नहीं लगा रहे हैं। मैं बताना चाहूँगा कि संसदीय समिति का ही सुझाव है कि जिसका वजन ग्रॉस 500 टन है, उससे इसको अलग किया जाए। इसलिए कमेटी के सुझाव को ही हमने विधेयक में लिया है। आप लोगों ने सी-फेयरर्स के बारे में कहा है। सी-फेयरर्स में पुरुष और महिलाएँ दोनों हैं। यह बात बिल्कुल सही है कि हम लोग इक्कीसवीं सदी में जा रहे हैं तो पुरुषों के साथ महिलाओं को भी प्रधानता मिलनी चाहिए। सरकार इस दिशा में अच्छा करनेवाली है। थॉमस साहब ने अभी पोर्ट्स को आधुनिक करने की बात कही है। मैं मानता हूँ कि बहुत आवश्यकता है। मैं अभी हॉलैंड गया था। वहाँ नदी के दोनों तरफ पोर्ट है। बेल्जियम में भी इसी तरह का है। बड़े दुःख की बात है कि इसे हम भारत में अभी तक नहीं कर पाए। माननीय सदस्यों को यह विश्वास दिलाना चाहता हूँ कि यह जो प्रस्ताव

आपके सामने हमने रखा है, यह देश, पर्यावरण और विशेष रूप से मजदूरों के हित में है। उनके अधिकारों की रक्षा करके उन्हें न्याय देने वाला है। इसलिए सिर्फ पेंशन का मसला नहीं है। उसके लिए वेलफेयर एसोसिएशन की स्थापना हुई है। उसमें शिपिंग इंडस्ट्री के मालिक सहभागिता निभाएँगे। उन्होंने मजदूरों को पेंशन देने की शुरुआत की है। मैं गोवा सरकार का अभिनंदन करूँगा कि उस सरकार की जिम्मेदारी न होते हुए भी उन्होंने गोवा में सी-फेयरर्स के लिए पेंशन शुरू की है। इन्हीं सब बातों की रक्षा के लिए यह बिल आया है। यह बिल अंतरराष्ट्रीय स्तर के श्रमिक संगठनों के अधिकारों को ध्यान में रखकर बनाया गया है। मैं, मुंबई का रहनेवाला हूँ। हम लोग सोच रहे हैं कि बी.पी.टी. का कैसे अच्छी तरह से विकास करें। उसका प्लान तैयार हो रहा है। मुंबई हमारे देश की आर्थिक नगरी है। मुंबई पोर्ट ट्रस्ट एरिया में अंतरराष्ट्रीय स्तर का विकास होगा। वहाँ सभी प्रकार के सुधार लागू होंगे। मैं, आपको विश्वास दिलाना चाहता हूँ कि इसको प्राथमिकता मिलेगी। मैं आप सबसे एक बार फिर अपील करता हूँ कि यह महत्त्वपूर्ण प्रस्ताव है, इसके ऊपर आप सब लोगों ने सुझाव दिए, मार्गदर्शन किया, शिपिंग इंडस्ट्री के बारे में, इनलैंड वाटर वेज के बारे में आपने अच्छे सुझाव दिए। इसलिए आपके प्रति आभार व्यक्त करता हूँ और आप सबसे प्रार्थना करता हूँ कि इन दोनों संशोधनों को आप मंजूर करने की कृपा करें।

Shri Bhartruhari Mahtab (Cuttack); It is relating to tonnage of ship. You have mentioned in one bill, that is, the second amendment that lower tonnage of ship come to our shores and they have pollutants and chemicals in the paint. Should we not have control over it? I am asking this because we are not actually doing it. I think 5-6 years back an accident also occurred on the shores of Paradip port where a small ship named 'Black Rose', a Mongolian ship-carrying iron ore capsized and it is still there on the mouth of the Paradip port, which is also another irritant. Secondly, there is no registry. Internationally, there is no registry of ship, and there are instances of a number of ship with the same name also coming to our shores may be to Kandla, Chennai or Tuticorin with the same name, same company, and same ship. Should not the government of India,

at the international level, try to have a common registry so that one name for one ship will be there so that one can monitor it regularly? These are the two questions that I want to ask from the hon. minister.

केंद्रीय पोत परिवहन एवं सड़क परिवहन, राजमार्ग मंत्री श्री नितिन गडकरी : फॉरेन फ्लैग के जितने शिप्स हैं, उन पर यह कानून बिल्कुल लागू होता है, चाहे उसका वजन कितना भी हो। इंडियन शिप के बारे में कहना चाहूँगा कि जो हमारा पर्यावरण कानून है, उसके अनुसार ही कार्रवाई होगी। आपने रजिस्ट्रेशन के बारे में जो बात कही, मेरे पास उसकी निश्चित जानकारी नहीं है, लेकिन आपका मुद्दा महत्त्वपूर्ण है। मैं उसकी विस्तृत जानकारी लूँगा।

□

इ-रिक्शा से होगा अमानवीय प्रथा का अंत

(लोकसभा में मोटर व्हीकल कानून-1988 को पुनर्संशोधन किए जाने की अनुमति संबंधी विधेयक केंद्रीय सड़क परिवहन, राजमार्ग एवं पोत परिवहन मंत्री श्री नितिन गडकरी द्वारा प्रस्तुत करते समय दिए गए भाषण का अंश।)

इ-रिक्शा उस गरीब तबके लिए है, जिसके पास रोजगार का और कोई साधन नहीं है। हाईकोर्ट के निर्णय के बाद यह रिक्शा बंद हो गया। लाखों लोग बेरोजगार होकर घर बैठ गए हैं। उनकी रोजी-रोटी का सवाल है। इसलिए तात्कालिक तौर पर गरीबों के हितों को ध्यान में रखते हुए यह विधेयक लाया गया है। मैं, सदन को बताना चाहता हूँ कि जब तक कानून में सुधार नहीं होगा, तब तक इ-रिक्शा चालू नहीं होगा। इसलिए मेरा आपसे अनुरोध है कि गरीब के हितों के लिए सहयोग कीजिए। देश में करीब एक करोड़ ऐसे लोग हैं, जो लोगों को ढोने का काम करते हैं। यह अमानवीय प्रथा है। यह प्रथा खत्म होनी चाहिए। गरीबों को राहत और सम्मान मिले, इस भावना से यह बिल लाया गया है। पहली बार जब यह बात आई थी तो हमने इसको मोटर व्हीकल ऐक्ट से जोड़ दिया था, किंतु मोटर व्हीकल ऐक्ट से जोड़ने के कारण इसकी तुलना साइकिल से होने लगी। उसके बाद एक दुर्घटना हुई, जिससे मामला हाईकोर्ट में गया। हाईकोर्ट ने दिल्ली में इ-रिक्शा चलाने पर स्थगन दे दिया। न्यायालय द्वारा मोटर व्हीकल कानून के अनुसार नियम बनाने का निर्देश दिया गया। उसके बाद इसे अनुमति मिलने की बात कही गई। इस निर्देश के बाद दिल्ली में चल रहे इ-रिक्शा बंद हो गए। पुलिस ने उन पर कार्रवाई की। हमने टेरी नाम की संस्था को इ-रिक्शा

के अध्ययन का काम दिया। अध्ययन में आया कि दिल्ली में 53 प्रकार के रिक्शे चलते हैं। उसके बाद यह बात भी आई कि इन रिक्शों में अलग-अलग वॉट के मोटर पाए गए हैं। इसलिए जब इंश्योरेंस की बात आई तो न्यायालय के निर्देश के कारण इसे मोटर व्हीकल कानून में लेने की आवश्यकता पड़ी। टेरी के अध्ययन के अनुसार जो इ-रिक्शे थे, उनमें 250 वॉट से अधिक के इंजन लगे थे। इनकी स्पीड 20 से 25 किलोमीटर प्रति घंटा थी। यह केवल आदमियों को लेकर चलने वाला रिक्शा है, लेकिन जो हाथ से खींचकर ले जानेवाले लोग हैं, वे बेचारे बहुत मेहनत करते हैं। इसी अध्ययन में रिक्शा चलाने वालों की एक और दशा सामने आई। टीबी, कैंसर जैसी बीमारी से ग्रसित होने के कारण उनकी आयु कम हो जाती है। ये गरीब लोग इस प्रकार के असाध्य रोगों के शिकार बने हैं। इसलिए इस अमानवीय प्रथा को हमारी सरकार समाप्त करना चाहती है। हमारे प्रधानमंत्रीजी कहते हैं कि टेक्नोलॉजी का उपयोग हो, इ-गवर्नेंस हो, इनोवेशन हो और उसके साथ-साथ हम गरीबों को राहत दें। इसमें इ-गवर्नेंस भी है। मैं, आपसे इतना ही कहना चाहूँगा कि इस बिल में केवल दो ही सुधार हैं, जिनके बारे में कहकर मैं अपनी बात समाप्त करूँगा। हमारे ऐक्ट में यह प्रावधान है कि आठवीं पास होने के बाद ही ड्राइविंग लाइसेंस मिलता है। इस बिल में आठवीं पास की शर्त को निकाल दिया गया है। जो भी व्यक्ति बेरोजगार है और वह रिक्शा चलाना चाहता है, वह लर्निंग लाइसेंस लेकर चला सकता है। न्यायालय के निर्देश के कारण इसे चलाने के लिए पहले व्यावसायिक लाइसेंस लगता था। इसलिए हमने कानून में सुधार किया है कि इ-रिक्शा वालों को दस दिन की ट्रेनिंग एसोसिएशन देगी या उस बारे में कोई और संस्था देगी। दस दिन के बाद उन्हें लाइसेंस मिलेगा और वे रिक्शा चला सकेंगे। हम गरीबों की इस समस्या के लिए बिल में ये दो बातें लेकर आए हैं। मैं, सदन से प्रार्थना करूँगा कि बिल को मंजूर करे।

श्री प्रेम सिंह चंदूमाजरा (लोकसभा सदस्य, आनंदपुर साहिब, पंजाब) : क्या गरीब को रोजगार देना गलत है? क्या किसी को सुविधा देना गलत है? मैं ऐसा मानता हूँ कि इस बिल को सिलेक्ट कमेटी को भेजने की दलील में कोई दम नहीं है। इसलिए माननीय मंत्रीजी के द्वारा लाए गए इस बिल को पास करना चाहिए।

श्री जय प्रकाश नारायण यादव (लोकसभा सदस्य, बाँका, बिहार) : बेरोजगारों के लिए इ-रिक्शा के ऊपर यह बिल आया है। सरकार ने गरीब के बहते हुए आँसुओं का खयाल रखते हुए यह विधेयक लाया है। इ-रिक्शा को बढ़ावा देना चाहिए। इसकी ट्रेनिंग के लिए दिल्ली में जगह-जगह कैंप लगवाएँ, ताकि भटकाव न हो। मैं, सरकार से आग्रह करता हूँ कि इ-रिक्शा के बारे में सुरक्षा का कानून पास किया जाए।

□

नक्सल प्रभावित क्षेत्रों का हो रहा विकास

(श्री नितिन गडकरी के पास थोड़े समय के लिए केंद्रीय ग्रामीण विकास, पंचायती राज्य तथा पेयजल, स्वच्छता मंत्री का कार्यभार रहा है। उस दौरान संसद् में इस मंत्रालय से संबंधित उठाए गए प्रश्नों का जवाब उनकी तरह से दिया गया।)

श्री सुनील कुमार सिंह (चतरा) : केंद्र सरकार की तरफ से एन.आर.एच.एम. का आश्रम स्कूल, मनरेगा, आई.एस.डी. जैसी योजनाएँ चलती हैं। इसके अलावा वामपंथी उग्रवाद प्रभावित क्षेत्रों में केंद्रीय सहायता से आर.आर.पी. से सड़क निर्माण का कार्य भी चलाता है। झारखंड के 24 में से 22 जिले उग्रवाद प्रभावित हैं, लेकिन हम 17 जिलों पर विशेष फोकस देते हैं। बाकी के पाँच जिलों का काम एस.आर.ई. के अंतर्गत जोड़ा जाता है, लेकिन उसमें सड़क निर्माण और बाकी कामों को नहीं जोड़ते हैं। इन योजनाओं के क्रियान्वयन के लिए कलेक्टर की अध्यक्षता में एक समिति बनाई जाती है। उस समिति में जिले का वन अधिकारी और जिले का पुलिस अधीक्षक होता है। ये अधिकारी तय करते हैं कि विकास कैसे होगा। सिर्फ अधिकारियों को रखना विचारणीय प्रश्न है। मैं, सरकार से अनुरोध करूँगा कि आप ने जो जन-प्रतिनिधियों से परामर्श की बात कही है, उसमें सांसद की सहमति की बात शामिल की जानी चाहिए। मैं, जानना चाहूँगा कि क्या ऐसी कोई योजना है?

केंद्रीय ग्रामीण विकास मंत्री, पंचायती राज्य मंत्री तथा पेयजल, स्वच्छता तथा सड़क परिवहन, राजमार्ग एवं पोत परिवन मंत्री श्री नितिन गडकरी : सम्माननीय सदस्य ने जो समस्या रखी है, वह बहुत हद तक सही

है। ऐसे क्षेत्रों में काम करने में बहुत सी दिक्कतें आ रही हैं। वहाँ हम ठीक तरह से काम नहीं कर पा रहे हैं। सांसद का सुझाव अच्छा है, इसमें ऐसे क्षेत्रों पर केंद्र सरकार की ओर से राज्य के मंत्री, केंद्र के प्रमुख मंत्री और सभी अधिकारियों को बुलाकर इसकी निगरानी की जाए। इसमें क्षेत्र की समस्या को सुलझाया जा सकेगा। मैं, इस मुद्दे पर उस क्षेत्र के जो सम्माननीय सदस्य हैं, उन्हें बुलाकर इन समस्याओं का अध्ययन करेंगे। उन्हें सुलझाएँगे और उनके सुझाव का उपयोग कर हम निश्चित रूप से मार्ग निकालेंगे।

लोकसभा अध्यक्ष श्रीमती सुमित्रा महाजन : श्री अशोक नेते गढ़चिरौली में आपकी भी वही समस्या होगी।

श्री नितिन गडकरी : नक्सल प्रभावित कई राज्य हैं। इस पर कई साल से काम हो रहा है। यह समस्या गढ़चिरौली, झारखंड, छत्तीसगढ़, पश्चिम बंगाल में भी है। इस समस्या के कारण वहाँ काम नहीं हो रहा है। सम्माननीय सदस्य की चिंता बिल्कुल सही है। इसलिए हमने सुधार के लिए कुछ कदम उठाए हैं। जैसे—हमने छत्तीसगढ़ में सड़क निर्माण के लिए छोटे-छोटे पैकेज बनाकर वहाँ के लोगों को काम दिया है। मैं, आपको विश्वास दिलाता हूँ कि देश के नक्सल प्रभावित जिलों की विशेष बैठक हम करेंगे। उसमें हम अधिकारियों के अलावा उस क्षेत्र के सम्मानीय सांसदों को बुलाएँगे और उनके सुझाव लेकर सकारात्मक मार्ग निकाल कर विकास को गतिशील करने की कोशिश करेंगे।

श्री जगदंबिका पाल (डुमरियागंज) : जो नेपाल की सीमा से लगे हुए क्षेत्र हैं, उनके बारे में क्या करेंगे?

श्री नितिन गडकरी : पूरे देश में जितने भी नक्सल प्रभावित क्षेत्र हैं, हम सब को अलग-अलग बुलाएँगे।

लोकसभा अध्यक्ष श्रीमती सुमित्रा महाजन : मुझे लगता है कि अब इस पर प्रश्न नहीं होना चाहिए। नेतेजी क्या कुछ पूछना है?

श्री अशोक महादेवराव नेते (गढ़चिरौली-चिमुर) : अध्यक्ष महोदया, मंत्री महोदय ने इस संबंध में उत्तर दे दिया है।

लोकसभा अध्यक्ष श्रीमती सुमित्रा महाजन : मंत्री महोदय ने बहुत अच्छा उत्तर दिया है।

श्री अशोक महादेवराव नेते (गढ़चिरौली-चिमुर) : हमारा क्षेत्र भी नक्सल प्रभावित है। श्री नितिन गडकरीजी महाराष्ट्र में जब मंत्री थे, तो उन्होंने बी.आर.ओ. के माध्यम से बड़े पैमाने पर मार्ग निर्माण का काम किया था। मेरा मंत्री महोदय से यह प्रश्न है कि बी.आर.ओ. जैसी जो एजेंसी है, अगर उनके माध्यम से नक्सल प्रभावित क्षेत्रों में कार्य कराया जाएगा तो इससे वहाँ के लोग मुख्य धारा में जुड़ जाएँगे।

श्री नितिन गडकरी : मैं 1996 में जब महाराष्ट्र में मंत्री था, तब झारखंड, छत्तीसगढ़, महाराष्ट्र और आंध्र प्रदेश से जुड़ने वाले हाईवे का काम शुरू हुआ था, जिसमें प्राणहिता नदी पर एक ब्रिज भी था। वहाँ 16 साल से बी.आर.ओ. काम कर रहा था, लेकिन बी.आर.ओ. का काम समाधानकारक नहीं था। मुझे जब लगा कि बी.आर.ओ. के जरिए काम संभव नहीं है, तब मैंने उसी क्षेत्र के छोटे-छोटे ठेकेदारों को पैकेज में काम देने का निर्णय लिया। क्षेत्र का विकास करने के लिए हमें स्थानीय लोगों को सहभागी बनाकर काम करना होगा। क्योंकि बाहर के लोग वहाँ काम नहीं कर सकते। गढ़चिरौली क्षेत्र की भी समस्या गंभीर है। हम क्षेत्र स्तर पर बैठक करेंगे, उसमें सम्मानित सदस्य को बुलाकर उनके सुझाव लेकर काम को पूरा करेंगे।

श्री सुशील कुमार सिंह (औरंगाबाद) : वामपंथी उग्रवाद प्रभावित 82 जिलों में विकास कार्य के जरिए उग्रवाद की समस्या को नियंत्रित एवं समाप्त करने के लिए भारत सरकार की तरफ से एक योजना चलाई जाती है। पहले उसका नाम इंटीग्रेटेड एक्शन प्लान था, अब इसी को एडीशनल सेंट्रल असिस्टेंस कर दिया गया है। इसमें योजनाओं के चयन तथा निर्णय लेने की जो कमेटी है, उसमें केवल कलेक्टर, पुलिस अधीक्षक और वन अधिकारी को सदस्य बनाया गया है। यह निर्णय पूर्ववर्ती सरकार का है। इस महत्त्वपूर्ण समिति में सांसदों का अधिकार सीमित है। सांसद सिर्फ सुझाव दे सकता है, जिसे मानने के लिए अधिकारी बाध्य नहीं हैं। माननीय मंत्रीजी को यह भी बताना चाहूँगा कि मैं जिस संसदीय क्षेत्र का प्रतिनिधित्व करता हूँ, मेरे जिले औरंगाबाद में यह स्थिति है कि यहाँ इस योजना की राशि के बरतन खरीद लिये गए हैं। मेरे संसदीय क्षेत्र गया जिले में मेरी अनुशंसा नहीं मानी गई। दुनिया जानती है कि बिहार में नौकरशाही किस तरह हावी है और भ्रष्टाचार चरम पर है। इस सच्चाई को वहाँ के मुख्यमंत्री ने भी स्वीकार किया है और वे स्वयं इसके भुक्तभोगी हैं। इस बात को उन्होंने जनसभा में उजागर किया है। बिहार की स्थिति बहुत अलग और चिंताजनक है। माननीय मंत्रीजी से आग्रह है कि केंद्र सरकार की ए.सी.ए. कमेटी में सांसद को सदस्य बनाया जाए, उनकी अनुशंसा को मानते हुए जनता की माँग पर आधारित उनके इलाके में जो आवश्यक कार्य है, उसे कराया जाए। क्या सरकार उसमें संसद् सदस्य को सदस्य बनाने का कोई विचार रखती है? यदि हाँ, तो कब तक।

श्री नितिन गडकरी : माननीय सदस्य 82 जिले की बात रहे हैं, जहाँ विशेष रूप से यह समस्या खड़ी हुई है। मैं, सदन को आश्वस्त करना चाहता हूँ कि केंद्र सरकार की जितनी योजनाएँ हैं, उनमें सम्माननीय संसद् सदस्य को बुलाकर, उनकी अनुमति एवं सुझाव लेकर निर्णय किया जाएगा। इसका प्रबंधन हम करेंगे और इसकी सूचना हम उनको देंगे।

प्रश्न संख्या—523

Shri Muthamsethi Srinivasa Rao (Avanthi) (Anakapalli): I thank you, madam, for giving me the opportunity. This country requires roads for development. In our state, during the tenure of shri Atal Behari Vajpayee ji, they have provided very good four-lane roads under name of Golden Quadrilateral in the country. He played a major role in the development of our state. My constituency Anakapalli is in Visakhapatnam district. A stretch of merely 60 kilometers of state highway 16 passes through my constituency. That road which like on the Chennai-Howrah route is one of the busiest roads. Hundreds of people get killed every year in accidents there. I would request the hon. minister to have that road converted into a four-lane road so that those accidents can be avoided. I would like to know from the minister if there is a proposal to convert that road into a four-lane road.

श्री नितिन गडकरी : देश में 51 ऐसी परियोजनाएँ हैं, जिनको पिछले तीन साल में चार लेन करने के आदेश हुए हैं। मुझे कहते हुए दुःख हो रहा है कि इनमें से 18 प्रोजेक्ट्स को खत्म करना पड़ा, जबकि बाकी प्रोजेक्ट्स की हालत भी ठीक नहीं थी। इसमें सबसे प्रमुख कारण था, भूमि अधिग्रहण पूरा नहीं होना। जहाँ 10 प्रतिशत भूमि अधिग्रहण हुआ था, वहाँ वर्क ऑर्डर दे दिया गया। इसके बाद दो-तीन साल में वित्तीय क्लोजर हो गया। वन एवं पर्यावरण की मंजूरी नहीं मिली। रेल ओवर ब्रिज के क्लियरेंसेज भी नहीं मिले। कुछ रक्षा मंत्रालय की जमीन की समस्या थी और कुछ जगह पर ठेकेदार की इचिटी का इरोजन हो गया था। नई सरकार आने के बाद हमने इसमें बहुत तेजी से निर्णय लिये हैं। मुझे यह बताते हुए खुशी हो रही है कि सम्मानीय वन एवं पर्यावरण मंत्री ने इसमें बहुत अच्छा काम किया है। उन्होंने हमारे कई प्रोजेक्ट्स को तत्काल मंजूरी दे दी है। मैंने रेल मंत्रीजी को भी अपनी दिक्कतें बताईं। उनको भी मैं धन्यवाद दूँगा कि उन्होंने 117 रेल ओवर ब्रिज में से 40 ब्रिज के प्रस्ताव को अनुमति दे दी है। मुझे विश्वास है कि 62 हजार करोड़ की लागत वाली योजनाओं को अब हम टेक-अप करेंगे। हमारे पास पैसे की कमी नहीं है। यह पी.पी.पी. मॉडल में है, जिसमें लोग आगे आए हैं। अब हम ई.पी.पी. मॉडल में परिवर्तित कर रहे हैं। इस कारण 15 से 20 साल तक इसका मेंटेनेंस कॉस्ट भी नहीं आएगा। सीमेंट का रेट कॉन्ट्रैक्ट भी हम कर रहे हैं। सम्मानित सदस्य ने

चेन्नई की सड़क के बारे में कहा है। मैं, तमिलनाडु के सभी सम्मानित सदस्यों से प्रार्थना करना चाहता हूँ कि वे अपनी राज्य सरकार से कहें कि वह हमारे साथ सहकार्य का एग्रीमेंट करे। यह नहीं होने से हमें भूमि अधिग्रहण के लिए जगह नहीं मिलती है और इससे कई तरह की दिक्कतें आ रही हैं। अगर आप अपने राज्य में आगे आएँगे तो भूमि अधिग्रहण की समस्या हल होगी और हम आपका काम कर पाएँगे। चेन्नई के बारे में आपने जो कहा है, उसमें भी भूमि अधिग्रहण की समस्या है। अगर वह काम हो जाता है तो सड़क को चार लेन करने के लिए केंद्र सरकार तैयार है।

Shri Sudip Bandyopadhayay (Kolkata, Uttar): Madam Speaker, all the 34 MPs of our party met the hon. minister in his office last week and discussed with him the deteriorating condition of the national highway in Kolkata, wherein he mainly appreciated NH-6, NH-34. Just two day back, our chief minister was traveling from Kolkata to Raiganj, a distance of about 400 Kilometers, which took nine hours to travel on the national highway. The condition of the road became the lead news on all media in West Bengal that day. The Minister gave a proposal that either chief minister could come to Delhi and he was prepared to discuss with all his officials, or he was prepared to go to Kolkata to discuss with the district magistrates of those districts and accordingly he was prepared to proceed. I discussed with the chief minister. She told me to write to the minister a letter saying that she is prepared to meet him according to his convenience any time between 23rd and 29th of this month. I would like to know whether you are going to West Bengal to discuss the wretched condition of the national highway in the scheduled period.

श्री नितिन गडकरी : मुझसे 34 सांसद मिले थे, उनके साथ डेढ़ घंटे चर्चा हुई थी। मैंने उनको प्रत्येक परियोजना की समस्याएँ बताई। यह कोई प्रतिष्ठा का सवाल नहीं है। केंद्र सरकार की प्राथमिकता देश में सड़क का काम करना है। मैंने सांसदों से कहा कि अगर मुख्यमंत्री चाहती हैं तो अपने अधिकारियों को लेकर मैं भी कोलकाता आने के लिए तैयार हूँ। मैं पूरी तैयारी कर के अपने विभाग के अधिकारियों के साथ वहाँ के काम का निरीक्षण करूँगा। उनका पत्र भी मुझे मिला। मैं तारीख तय करके उनकी सुविधा के अनुसार वहाँ आऊँगा। मैं आपकी एक-एक समस्या को बैठकर हल करूँगा। मुख्यमंत्रीजी ने मुझे आश्वस्त किया है कि भूमिअधिग्रहण तथा अतिक्रमण से संबंधित मामलों में वे सहयोग करेंगी। मुझे लगता है कि इससे मामला निश्चित रूप से हम सुलझा सकेंगे। केंद्र सरकार पूरी तरह से सहयोग करने के लिए तैयार है और मैं खुद उसके लिए कोलकाता आऊँगा और इसमें निर्णय करूँगा।

Shri Vincent H. Pala (Shillong): In the reply given by the hon. minister, it has been stated that 51 projects have been allotted and more than Rs. 62,000 crore have been spent. Out of these works which have been allotted, many of the works have been allotted under SARDP in the North-Eastern region. It has happened in the national highway 44 which has been allotted two years ago to a contractor, the land has not been allotted 100 per cent to the contractor. When the contractor is not doing the work for the last two years and the government is not able to maintain the work, the road has become very bad and it is not possible for people to travel from Barak valley to Tripura. I would like to know what steps the government is taking to repair the road to ease the traffic congestion so that the people can travel in this road.

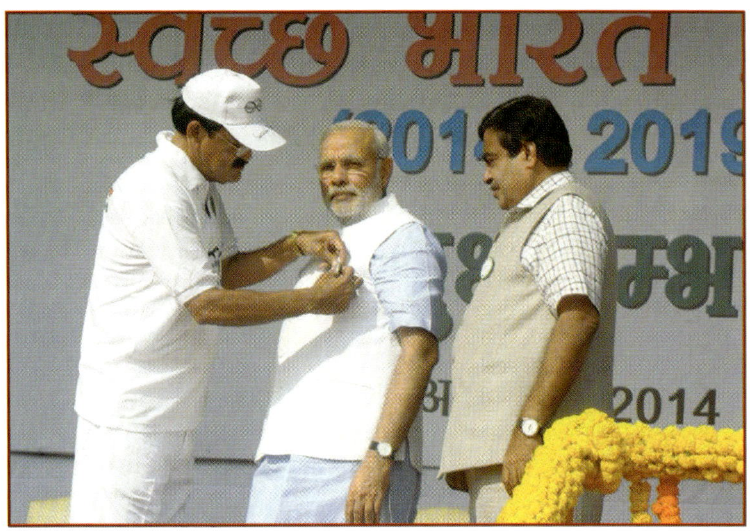

श्री नितिन गडकरी : मैं पुरानी सरकार पर जिम्मेदारी डालने की राजनीति नहीं करना चाहता। परंतु जिस तरह से भूमि अधिग्रहण नहीं हुआ, वन एवं पर्यावरण की अनुमति नहीं मिली है, उसमें औपचारिकता पूरी किए बिना वर्क ऑर्डर दे दिए गए। मुझे कहते हुए दु:ख होता है कि ऐसी स्थिति पैदा हो गई है कि देश के कई ठेकेदार और कंपनियों का दिवाला पिट चुका है। हालात यह है कि मैं ठेकेदारों से हाथ जोड़ता हूँ कि आप काम करें। कई ठेकेदारों को मैंने मुक्ति दी और आखिर में काम छुड़वा दिया कि आप एक परसेंट पेनल्टी भरकर जाएँ। जो 10-10 बार बुलाने पर काम करने को तैयार नहीं है, उसे रोककर हम कॉस्ट नहीं बढ़ा सकते। मैं सम्माननीय सदस्य को विश्वास दिलाना चाहता हूँ कि पुरानी सरकार ने ही नॉर्थ-ईस्ट के लिए कॉरपोरेशन बनाने का कैबिनेट निर्णय किया था। उसी के आधार पर हमने कॉरपोरेशन बनाया है। उसका मुख्यालय हम गुवाहाटी में रखनेवाले हैं। नॉर्थ-ईस्ट के लिए हमने 15 हजार करोड़ रुपए के काम मंजूर किए हैं। आपने जिस काम का उल्लेख किया है, उसकी हालत बहुत खराब है। हमने उसको अस्थायी मरम्मत के लिए पैसा आवंटित किया है। हम जल्द इन कामों की शुरुआत करेंगे और कंक्रीट की अच्छी मजबूत सड़क बनाएँगे। इसकी शुरुआत तीन महीने के अंदर हो जाएगी।

Shri Bhartuhari Mahtab (Cuttack): I would like to ask question releting to the quality of construction of national highways. यह प्रश्न थोड़ा अलग है। Is it true that as many as 21 highway projects worth than Rs. 26,000 crore failed to attract bids over the last two years? If so, is the government going to have a re-look at the MCA, that is, the Model Concession Agreement to address the issue of resolving disputes and coat escalation among other to revive private sector interest in road sector that was last revised in 2009 in line with the recommendations of the B.K. Chaturvedi committee? Is the reason why quality construction has got hampered?

श्री नितिन गडकरी : देश में मुख्य रूप से सड़क क्षेत्र में जो अड़चनें आईं, उनका कारण है कि जब हमारा जी.डी.पी. आठ प्रतिशत था, तब ट्रैफिक डैनसिटी ज्यादा थी। इसलिए इकोनॉमिकल वॉयबिलिटी, इंटरनल रेट ऑफ रिटर्न अच्छा था। जब हमारा जी.डी.पी. पाँच प्रतिशत और उससे नीचे आया तो इस क्षेत्र में भी ट्रैफिक डैनसिटी का परिणाम परिलक्षित हुआ। इसलिए पी.पी.पी. मॉडल के प्रयोग में आने के लिए कोई तैयार नहीं है। हम बड़े-बड़े प्रोजेक्ट्स टेंडर करते हैं। आज ठेकेदार और कंपनियों की स्थिति अच्छी नहीं है। देश की बड़ी-बड़ी कंपनियों में जैसे—एल ऐंड टी को तीन-तीन बार बुलाकर हाथ जोड़ चुका हूँ कि यह काम कीजिए। वे मना कर रहे हैं। यह स्थिति कई ठेकेदारों की है। मेरा सिर्फ इतना अनुरोध है कि 'छोड़ो कल की बातें, कल की बात पुरानी, नए दौर में लिखेंगे हम फिर से नई कहानी।' मैं इतना ही कहना चाहता हूँ कि लगभग 80 प्रतिशत समस्या हल हो गई है। वित्तमंत्री ने बजट भी अच्छा दिया है। एन.एच.ए.आई. के पास साल का छह हजार करोड़ रुपए टोल से आता है। अगर हम यह परियोजना दो साल में पूरी करेंगे तो हमारा टोल आठ हजार करोड़ रुपए से ज्यादा होगा। अगर हम 15 साल के टोल को स्क्रूटनाइज करेंगे तो हमें एक लाख करोड़ रुपए कोई भी आसानी से दे सकता है। इसके अलावा हम विदेशी पूँजी निवेश की कोशिश भी कर रहे हैं। इसमें पैसा समस्या नहीं है। समस्या वन एवं पर्यावरण की मंजूरी, भूमि अधिग्रहण, रक्षा मंत्रालय की जमीन और आर.ओ.बी. समस्या थी। हमने इस समस्या को काफी हद तक सुलझा

लिया है। इसलिए पी.पी.पी. में यह क्षेत्र बिल्कुल नीचे चला गया है। बैंकों की स्थिति ऐसी है कि कोई बैंक सड़क प्रोजेक्ट के लिए पैसा देने को तैयार नहीं है। मैंने बैंकों के कुछ प्रमुख लोगों की बैठक बुलाई थी। प्रधानमंत्रीजी ने भी बैठक बुलाने के बारे में तय किया है। देश में एक लाख 80 हजार करोड़ के काम के लिए हमने क्या मार्ग निकाला है, इसका प्रस्तुतीकरण हम बैंकों के चेयरमैन के सामने करनेवाले हैं। उन्हें विश्वास दिलाने वाले हैं कि आप ऋण दीजिए, आपका पैसा सुरक्षित रहेगा। जहाँ तक क्वालिटी कंट्रोल की बात है, इसमें ज्यादा तकलीफ डी.पी.आर. की है। मेरे पास कई माननीय सदस्यों की तरफ से पत्र लिखकर रफ्तार 130 किलोमीटर करने को कहा गया है। लेकिन अंडरपास व ब्रिज निरस्त कर दिया गया, क्योंकि वह इकोनॉमिकली वॉयबल नहीं है। मैं जयपुर हाईवे की बात बताता हूँ। वहाँ रोज दुर्घटना हो रही है। नासिक में एक कॉलेज के पाँच लड़के मर गए। मैंने कहा कि लोगों की जान जा रही है, यह अच्छी बात नहीं है। आपको यहाँ अंडरपास तथा ब्रिज बनाना पड़ेगा। आपके पास पैसे नहीं हैं तो हम पैसा खर्च करेंगे।

लोकसभा अध्यक्ष श्रीमती सुमित्रा महाजन : इसमें सर्विस रोड भी होती है।

श्री नितिन गडकरी : हमने इसमें भी सुधार किया है। क्वालिटी और सुरक्षा के बारे में भी निर्णय किया है। इसे सुलझाने की शुरुआत भी हो गई है। कंक्रीट रोड आने के कारण क्वालिटी की समस्या भी हल होगी। मुझे लगता है कि आपकी समस्या आगे नहीं रहेगी।

Shri Bhartruhari Mahtab (Cuttack): My question was relating to dispute redressal mechanism, resolving the disputes and coat-escalation जो विवाद होता है, उसमें एम.सी.ए. के बारे में मैंने पूछा था। आपने शायद एक कमेटी बनाई है, लेकिन इसके बारे में आपने सूचना नहीं दी। My second question would be this. A list has been provided by the hon. minister, citing the complaints that the government has received and the action that has been taken. इसमें ओड़िशा की दो शिकायतें—एन.एच.-5 और एन.एच.-6 की हैं। एन.एच.-5 की शिकायत वर्ष 2012-13 की है। उसमें investigation has been completed; Action

taken report from RO, NHAI, Ranchi is awaited. We are in 2014. मैं वर्ष 2014-15 की बात नहीं कर रहा हूँ। उसका भी एक उल्लेख है। मैं यहाँ एक स्पैसीफिक इंस्टांस देना चाहता हूँ।

I want to ask a specific question on NH-5 relating to the stretch from khurda to Balasore via. Bhubaneswar and Cuttack in Orissa, which has been constructed in phases, no doubt, and is very poorly maintained after four laning has been done. Now, that stretch is getting six-laned. Has any random or any systematic checking is done for the proper maintenance of the national highways when toll tax is being collected or it the normal recurring allocation for repair that looks after maintenance? I would specifically like to know about the stretch of NH-5 from khurda to Balasore.

श्री नितिन गडकरी : माननीय सदस्य ने जिस बात का उल्लेख किया है, उस बारे में रिपोर्ट आई है और उस पर जल्द-से-जल्द कार्रवाई होगी। इन्होंने जो दूसरी बात कही है, उसमें 75 प्रतिशत काम पूरा होने के बाद पी.पी.पी. मॉडल में सी.ओ.डी. मिलने का प्रावधान था। एक प्रश्न और है, जो पुरानी सरकार की नीति में था कि टोल लेने और कीमत वसूल करने के बाद भी 40 प्रतिशत धनराशि को संतुलित करने के लिए टोल लिया जाता था। बहुत सारे सम्माननीय सदस्यों ने इसकी शिकायत की है। मेरे विभाग ने एक प्रस्ताव तैयार किया कि जिसकी कीमत वसूल हुई है, उस टोल को हम बंद करेंगे और 75 प्रतिशत की

बजाय 100 प्रतिशत काम पूरा किए बिना टोल की अनुमति नहीं देंगे। तीसरी बात गुणवत्ता के बारे में है। इसका कारण यह है कि वे अधूरा काम छोड़ देते हैं, सर्विस रोड छोड़ देते हैं और 75 प्रतिशत काम करके टोल लेना शुरू कर देते हैं। पुरानी सरकार के ये नीतिगत फैसले थे। इसमें भी हम सुधार कर रहे हैं। मैं आपको विश्वास दिलाना चाहता हूँ कि सड़क के बारे में 31 शिकायतों की जाँच की गई है। जो ठेकेदार अच्छा काम नहीं करेगा, उस पर सरकार और विभाग की ओर से कठोर कार्रवाई की जाएगी।

Shri Nagendra Singh (Khujuraho): I would like to know from the hon. minister, when the quality of work is found sub-standard on investigation, do we take action againt the independent consultant or not and if the action is to be taken how many actions have been taken so far?

श्री नितिन गड़करी इसमें इंडीपेंडेंट इंजीनियर प्रोजेक्ट मैनेजमेंट कंसल्टेंट जैसा काम करता है।

You appoint an independent consultant for every project. The independent consultant supervises the work…

Shri Nitin Gadkari: Sir , we do not have a system of appointing independent consultant. We have a system of having an independent engineer and he works in the same way the consultant works.

Shri Nagendra Singh: In the answer you have mentioned independent consultant.

श्री नितिन गडकरी : जब सड़क का काम होता है, उसमें सलाहकार या इंजीनियर, इसे आप दोनों ही फेज में इस्तेमाल कीजिए, वे गुणवत्ता की जाँच करते हैं। अभी इसमें हमने थोड़ा सा परिवर्तन किया है। मुंबई–पूना एक्सप्रेस हाइवे जब मुझे बनाने का सौभाग्य मिला, तो उसमें हम प्रोजेक्ट मैनेजमेंट कंसल्टेंसी का एक विकल्प लाए थे। जिसमें नियम बनाया गया कि भूमि अधिग्रहण, प्रोजेक्ट डिजाइनिंग और डी.पी.आर. बनाने का काम एक ही एजेंसी की निगरानी में होगा। उस सिस्टम को हम लॉञ्च कर रहे हैं। उसमें क्वालिटी भी अच्छी रहेगी और काम भी अच्छा होगा। एन.एच.ए.आई. में समस्या क्वालिटी से ज्यादा डी.पी.आर. के डिजाइनिंग पर हुई है। जैसे कई जगह पर ब्रिज की जरूरत है,

लेकिन वहाँ ब्रिज नहीं रखे गए। कई जगह अंडरपास चाहिए तो वहाँ नहीं दिए गए। गाँवों में सिर्फ सड़क की विड्थ बढ़ा दी, रोड अच्छे कर दिए, जिससे स्पीड बढ़ गई, लेकिन सुरक्षा के इंतजाम नहीं किए गए। इस कारण वहाँ दुर्घटनाएँ ज्यादा होने लगीं। मुझे लगता है कि क्वालिटी से ज्यादा सुरक्षा के प्रश्न महत्त्वपूर्ण हैं। फिर भी क्वालिटी के बारे में, जैसा मैंने सम्मानीय सदस्य महोदय को जवाब देते हुए कहा कि जितनी भी हमारे पास शिकायतें आई हैं, उनके ऊपर हमने कार्रवाई की है। क्वालिटी के बारे में मैं आपको आश्वस्त करना चाहता हूँ कि सीमेंट कंक्रीट के जो रोड बनेंगे, उन्हें 50 साल तक कुछ समस्या नहीं होगी। सड़क की मजबूती के साथ उसके ऊपर बिटुमिनस सरफेसिंग करने से सड़क की गुणवत्ता सुधरेगी।

DR. SHASHI THAROOR (THIRUVANANTHAPURAM): As the minister himself has observed, the question of quality of construction is often linked to the willingness of contractors to do an adequate job, but the policy of the government in this regards also plays a part. I will be curious if the Minister is able to share with us now or later any figures on the number of national highways that have been successfully built on the BOT basis versus the number that are built on an EPC basis. I would like to know whether a number of these BOT tenders have failed because of the unwillingness of the contractors to bid as you indicated in your reply to Mr. Mahtab's question. आपने कहा कि पैसे की कमी नहीं है। will you be willing to abandon the BOT model in order to go for the EPC model? I am asking this question because in my constituency, there is a national highway bypass and people have been waiting for 40 years since the stone was first laid. We finally got everything done. Land acquisition had already been completed, tenders were issused but no contractors bid for it because of BOT model So, given that, will be Minister be able to propose a different approach so that we can actually help our people who are waiting for this highway?

श्री नितिन गडकरी : चार लेन की जो परियोजनाएँ थीं, उनमें से 62 हजार करोड़ की परियोजनाएँ इसमें दी गई थीं। इसमें 51 प्रोजेक्ट्स में दोनों तरफ से

गलतियाँ थीं, इसलिए उन पर हमने एक प्रतिशत पेनल्टी लगाकर शेक-हैंड किया। इसमें समस्या का समाधान भी किया गया है। यदि हम कोर्ट में जाते, तो तीन-चार साल और लग जाता। वैसे भी सुप्रीम कोर्ट में अभी कई मामले फँसे हुए हैं। हमारी कोशिश है कि हम समझौता करें। समस्या का समाधान करें और जनता को जल्दी सड़क सुविधा दें। कुछ स्थानों पर मामले कोर्ट के विचाराधीन हैं, इस कारण हम वहाँ पर काम नहीं कर पा रहे हैं। मैं पिछली बार यह बताना भूल गया था। एन.एच.ए.आई. के चेयरमैन ने आपस में विचार-विमर्श करके एक कमेटी बनाई है। उस कमेटी ने कई मामलों में समझौता करके समस्या का हल निकाला है। आप जिस सड़क की बात कर रहे हैं, आज मेरे पास उनकी जानकारी नहीं है, पर मैं आपको विश्वास दिलाता हूँ कि त्रिवेंद्रम बाईपास की समस्या हल करने के लिए हम जल्द बैठक बुलाएँगे।

डॉ. शशि थरुर (तिरुवनंतपुरम) : आप उस सड़क कार्य को ई.पी. सी. में करा दीजिए।

श्री नितिन गडकरी : यदि वह पी.पी.पी. में नहीं होगा, तो उसे परिवर्तित कराकर ई.पी.सी. में करा दूँगा।

श्री राजीव प्रताप रूड़ी (सारण) : अमेरिका दुनिया का सबसे विकसित देश है। वहाँ सड़क नेटवर्क के कारण ही विकास की शुरुआत हुई और उसके जी.डी.पी. में ग्रोथ हुआ। इसी प्रकार से हमने भारत में भी अपनी परियोजनाएँ शुरू कीं। इसका विजन श्री अटल बिहारी वाजपेयीजी के समय में आया, जब हमने गोल्डन क्वाड्रिलैटरल, नॉर्थ साऊथ और ईस्ट-वेस्ट कॉरिडोर का कार्य शुरू किया था। उसके बाद दस वर्षों तक विस्तार का कार्य रुका रहा। माननीय मंत्रीजी से मेरा सवाल यह है, जैसा कि उन्होंने कहा कि बहुत सारे स्थानों पर पर्यावरण मंजूरी, भूमि अधिग्रहण नहीं होने के कारण समस्या है। इससे कुछ स्थानों पर निर्माण कार्य बाधित रहा है, लेकिन कुछ ऐसे स्थान हैं, जहाँ किसी प्रकार की बाधा नहीं है, फिर भी जो ठेकेदार है, उसने कार्य पूरा नहीं किया। जैसे—हाजीपुर से छपरा का कार्य है। यदि कोई भी फोर-लेन बनता है, तो कहीं से वह जुड़ता है। लेकिन एक अप्रत्याशित स्थिति है कि जो सड़क हाजीपुर से छपरा जाती है, वह बीच में ही समाप्त हो जाती है।

मैं माननीय मंत्रीजी से जानना चाहता हूँ कि क्या इस सड़क को आगे सिवान और गोपालगंज से जोड़ने का विचार है या नहीं? दूसरी बात, माननीय मंत्रीजी ने चर्चा की थी कि सड़क परिवहन का जो मामला है, इसमें बहुत सारी कॉमन सर्विसेज हैं—टेलीकॉम सर्विस है, बहुत सारी एसेंशियल सर्विसेज हैं। इस संबंध में आनेवाले दिनों में कोई राजस्व उगाही का विजन है, जिसके आधार पर सड़क यातायात में टोल के अतिरिक्त राजस्व उगाही कर सकें और कॉमन सर्विसेज, जो सड़क किनारे दुनिया भर में बड़े इन्फ्रास्ट्रक्चर में क्रिएट होते हैं, मैं जानना चाहूँगा कि क्या माननीय मंत्रीजी का सड़क निर्माण में इस प्रकार के प्रावधान के बारे में कोई विचार है?

श्री नितिन गडकरी : हमने ऑप्टिक फाइबर केबल, गैस पाइप लाइन, ड्रिंकिंग वाटर पाइप लाइन और ट्रांसमिशन लाइन के प्रस्ताव पर अध्ययन शुरू किया है। एक कंपनी ने हमारी जगह सड़क के विड्थ को बढ़ाकर, आयरन तथा सरिया के रूप में बनाकर उसे पाइप लाइन से देने के लिए माँगी है। यह बात सच है कि यह भी इनकम का एक अच्छा साधन हो सकता है। जब वर्ष 1996 में मुंबई-पूना एक्सप्रेस हाईवे पर ऑप्टिक केबल के लिए पाइप डाला गया था, तो उस समय आई.टी. का इतना विकास नहीं हुआ था। आज उसके कारण महाराष्ट्र सरकार को 26 करोड़ रुपए का राजस्व मिलता है। हमने निर्णय किया है कि इन सब सर्विसेज को हम नेशनल हाईवे में करेंगे। देश में ट्रांसमिशन लाइन की बहुत बड़ी समस्या है और भूमि अधिग्रहण के कारण ट्रांसमिशन का काम नहीं होता। सम्माननीय ऊर्जा मंत्री के साथ मेरी दो बैठकें हुई हैं। जो बड़े-बड़े टावर्स बनते हैं, वैसे टावर्स नेशनल हाईवे पर बनाना संभव नहीं है। इसलिए तात्कालिक तकनीक का उपयोग करके भूमिगत केबल या उसके ऊपर से कम जगह में क्या हम ट्रांसमिशन लाइन ले जा सकते हैं, हम इसका भी अध्ययन कर रहे हैं। जिससे देश को इसका फायदा मिले। देश में 94.567 किलोमीटर नेशनल हाईवे, 1,40,701 किमी. स्टेट हाईवे तथा 46,29,462 किमी. अन्य मार्ग हैं। मुझे यह बताते हुए खुशी हो रही है कि आदरणीय अटलजी के नेतृत्व में जब हमारी सरकार थी, तब मुझे प्रधानमंत्री ग्राम सड़क योजना और राष्ट्रीय राजमार्गों को चार लेन करने

की योजना लागू करने का सौभाग्य मिला। अटलजी की सरकार में पहली बार सड़क के काम को प्राथमिकता मिली और उन्होंने हमें दिशा दी। उसके आधार पर इस बार हम प्रधानमंत्री श्री नरेंद्र मोदीजी के नेतृत्व में सड़क क्षेत्र को प्रमुख प्राथमिकता में रखे हैं। आपने जो सुझाव दिया है, मैंने पाँच राज्यों के संसद् सदस्यों के साथ उनकी समस्या पर चर्चा करके उस मामले को निपटाने की कोशिश की है। आपके द्वारा सड़क को आगे ले जाने का जो सुझाव दिया गया है, उसे हम जरूर अनुमति देंगे। मुझे विश्वास है कि जो इतिहास है, वह बदलेगा और काम को गति मिलेगी। मैंने एक दिन में 30 किलोमीटर सड़क बनाने का जो लक्ष्य तय किया है, वह बहुत चुनौतीपूर्ण है।

लोकसभा अध्यक्ष श्रीमती सुमित्रा महाजन : चलिए, अब सड़क के बाद थोड़ा पानी के बारे में भी सोचें।

SHRI ARVIND SAWANT (MUMBAI SOUTH): Madam Shri Nitin Gadkari saab is known as 'Road-kari' and so he will definitely make roads.

लोकसभा अध्यक्ष श्रीमती सुमित्रा महाजन : नितिनजी अब पानी के मार्ग भी बनाएँगे।

प्रश्न संख्या—525

SHRI P. NAGARAJAN (COIMBATORE): Madam Speaker, with the blessing of my Chief Minister of Tamil Nadu, Amma, I woild like to submit that the national Waterway 4 (NW 4) is a 1,095 kilometeres long waterway in India. The Buckingham Canal is a part of National Waterway 4 in two parts. The first is the North Bucjingham Canal covering a stretch of 316 kilometres from Pedaganjam to Chennai and the second is the South Buckingham Canal covering a stretch of 110 kilometers from Chennai to Marakanam. It had been declared as an Indian National Waterway on 24 November, 2008 under the provisions of the National Waterways Bill 2006 with a target to complete the project by 2013. I would like to know from the hon. Minister as to why the development work in National Waterways 4 has not been completed in the garget period and what is the reason for not completing the project on time.

केंद्रीय पोत परिवहन, सड़क परिवहन, राजमार्ग एवं ग्रामीण विकास, पंचायती राज्य तथा पेयजल, स्वच्छता मंत्री श्री नितिन गडकरी : यह सड़क क्षेत्र से भी ज्यादा महत्त्वपूर्ण क्षेत्र है। जब हम जल परिवहन से जाते हैं तो 20 से 25 पैसे खर्च आता है। सड़क परिवहन से यह खर्च डेढ़ रुपए हो जाता है और रेलवे से जाने पर एक रुपए खर्च आता है।

श्री राजीव प्रताप रूड़ी (सारण) : सर, हवाई जहाज से कितना खर्च आता है?

श्री नितिन गडकरी : हवाई जहाज से जाने पर इससे कई गुना ज्यादा खर्च आता है। यह खर्च 1:3 है। इस क्षेत्र की तरफ अब तक ध्यान नहीं दिया गया है। पहली बार हमारी सरकार ने इलाहाबाद से हल्दिया तक इनलैंड वाटरवेज के लिए काम शुरू किया है।

श्री अधीर रंजन चौधरी (बहरामपुर) : कौन कहता है कि ध्यान नहीं दिया गया?

Speaker Smt. Sumitra Mahajan: Shri adhir Ranjan Choudhury, I am sorry this is not allowed. Hon. Minister, you may kindly address the Chair. इनको आदत है ऐसा करने की।

श्री नितिन गडकरी : संसद् ने जिन जलमार्गों को मान्यता दी है, उन वाटरवेज के बारे में हमने अध्ययन करना शुरू कर दिया है। दूसरी बात हम लोग इसके लिए दीर्घकालीन योजना तैयार करने की दिशा में सोच रहे हैं। हमने जलमार्ग योजना प्रधानमंत्रीजी के पास भेज दिया है और उनसे इस प्रस्ताव को स्वीकार करने की प्रार्थना की है। माननीय सदस्य को मैं बताना चाहता हूँ कि कुछ जगह पर नदियों में डेढ़ मीटर अथवा कहीं पर दो या तीन मीटर का ड्राफ्ट है। जहाँ हमें तीन मीटर का ड्राफ्ट मिलेगा, वहाँ हम 10,000 टन का शिप ले जा सकते हैं। इसके लिए हमने विश्व बैंक और अंतरराष्ट्रीय सलाहकार से सलाह ली है, जिसे हमें 45 की जगह 80 मीटर का विड्थ रखने को कहा गया है तथा गहराई न्यूनतम पाँच मीटर की जगह, तीन मीटर करने को कहा गया है। देश में एयरपोर्ट्स की तरह हम वाटरपोर्ट

बनाएँगे। वहाँ टर्मिनल बनाकर यात्रियों और गुड्स के लिए उसका उपयोग करेंगे। जैसे—केरल में बैक वाटर है। वहाँ ड्राफ्ट अच्छा है। पटना से आगे कोलकाता और हल्दिया की तरफ जाने पर ड्राफ्ट अच्छा है। वहाँ हम तुरंत सर्विसेज शुरू कर रहे हैं। हल्दिया से नॉर्थ-ईस्ट की तरफ जाने के लिए भी सर्विस शुरू कर रहे हैं। केरल में जहाँ अच्छा ड्राफ्ट है, वहाँ भी हम काम कर रहे हैं। रो-रो सर्विस भी हम शुरू कर रहे हैं। देश में ट्रक में लदकर गाड़ियाँ चेन्नई से दिल्ली आती हैं। दिल्ली में बनी गाड़ियाँ चेन्नई जाती हैं। हमने कहा कि कोंकण रेलवे की तरह 150 ट्रक जहाज के अंदर आकर चेन्नई चले जाएँगे। इसका भी टेंडर हमने निकाला है। आनेवाले समय में हम इसे प्राथमिकता देंगे और जो इनकी अपेक्षा है वह पूरी करेंगे।

SHRI P. NAGARAJAN (COIMBATORE): My Second supplementary is this Honourable Amma has taken steps to construct a flood protection wall for a distance of 1.1 kilometre near Swami Vivekananda Salai, Wallajah Raod and Greenways. Further, a six-Member Committee under the Chairmanship of shri Rajendra K. pauchori has been appointed in 2008 by the UPA Government to look into the execution of Sethu Samudram Canal Project. That committee has given its Report in 2013 with its opinion that it is not viable both from economical and ecological angles. Our honourable Puratchi Thalaivi Amma, since the beginning itself, has opposed this project as it is not viable, it is not going to serve the people in any way and does not want to waste public money in such a way as this project severly affects the livelihood of fishermen. Even after the protest of our honourable Amma, the former Minister, Shri T.R. Baalu has wasted a lot of money in this project. What was the reason behind it? I want to know from the hon. Minister the stand of the Government in this regards and whether any protest has been received from any individual or organization or any other political party on the Sethu Samudram Project.

श्री नितिन गडकरी : कुछ राज्यों में अजीब तरह की समस्या है। एक सरकार जो काम प्रारंभ करती है, दूसरी पार्टी की सरकार आने पर उसे बंद

कर दिया जाता है। यह रिवाज जैसा बना हुआ है। इस कारण से कई जगह हमें समस्या का सामना करना पड़ रहा है। माननीय सांसदों से मैं अनुरोध करूँगा कि राजनीति को किनारे रखकर वे हमें दिक्कत बताएँ। मैं, वायदा करता हूँ कि राज्य के नुकसान का कोई काम नहीं किया जाएगा। मैं शिपिंग सेक्टर में, इनलैंड वाटरवेज में, रोड सेक्टर में रोजगार बढ़ाने का काम करूँगा। इससे राज्य का तथा देश का जी.डी.पी. बढ़ेगा। मैं, तमिलनाडु सरकार और आपसे से अनुरोध करता हूँ कि फिशरमैन का नुकसान नहीं हो, इसके लिए प्रदेश सरकार के साथ बैठकर हम बात करना चाहते हैं। जिससे उचित रास्ता निकाला जा सके। राज्य की विकास परियोजनाओं के लिए तमिलनाडु के सदस्यों का सहयोग मिले, यही मैं प्रार्थना करता हूँ।

SHIR BHARTRUHARI MAHTAB (CUTTACK): Should we understand that the Government is in favour of Sethu Samudram project?

श्री नितिन गडकरी : सेतु समुद्रम का मामला सुप्रीम कोर्ट में विचाराधीन है। इसलिए मैं, उस पर कोई टिप्पणी नहीं करूँगा। सिर्फ इतना कहना चाहता हूँ कि जिसे हम रामसेतु कहते हैं, उसे नहीं तोड़ेंगे। इसको लेकर हमारी सरकार की भूमिका एकदम साफ है। रामसेतु को बचाकर देशहित का कोई भी प्रोजेक्ट पूरा करने के लिए हम तैयार हैं। मैं इस माह के अंत में वहाँ जा रहा हूँ। मुझे लगता है कि आप सबके सहयोग से यह मामला निपट जाएगा। हम सुप्रीम कोर्ट में अपनी तरफ से ऐसा सुझाव प्रस्तुत करेंगे, जो सबको मान्य होगा और उससे मार्ग निकलेगा।

SHRI P.R. SUNDARAM (NAMAKKAL): The national waterway is being developed by the Inland Waterways Authority of India and is scheduled for completion in 2013. I want to know from the hon. Minister as to why the planning Commission has not implemented the project commercially under the pubic Private Partnership in National Waterways 4 and 5. In what way does the Government develop these Waterways through Budgetary Support in a phased manner? When will this project be completed? Thank you.

श्री नितिन गडकरी : इनलैंड वाटरवेज में विदेशी निवेश आ रहा है। कई कंपनियों ने दो से तीन प्रतिशत पर ड्रेजिंग का काम करने का प्रस्ताव दिया है। लेकिन, हम कोई भी काम टेंडर प्रक्रिया से अलग नहीं करेंगे। गंगा सफाई अभियान पूरा होने के बाद हम इस काम में हाथ लगाएँगे। यदि इसमें पब्लिक-प्राइवेट निवेश का कोई प्रस्ताव आता है तो उसे हम बढ़ावा देंगे। मैं, पहले ही बता चुका हूँ कि विश्व बैंक ने इस प्रोजेक्ट के लिए 4250 करोड़ रुपए के ऋण को सैद्धांतिक स्वीकृति दे दी है। मुझे पूरा विश्वास है कि इसमें कम ब्याज-दर पर विदेशी निवेश आएगा, डिफर-पेमेंट में भी काम आएगा, एम्युनटी भी आएगी। इसी से हम इनलैंड वाटरवेज का काम विकसित कर पाएँगे। देश की छह नदियाँ ही इनलैंड वाटरवेज नहीं हैं। कृष्णा, बाणगंगा जैसी नदियों के लिए भी हम नीति बना रहे हैं। इस नीति को लेकर हम संसद् के सामने आएँगे।

श्री गणेश सिंह (सतना) : माननीय मंत्री नितिनजी इतना अच्छा काम कर रहे हैं, इन्हें आप बधाई तो दे दीजिए।

प्रश्न संख्या—141

DR. SIDHANT MOHAPATRA (BERHAMPUR): In the year 1985-86 the IAY was introduced. It is now almost 28 year after the beneficiaties have constructed their houses under the IAY. All the houses are in a dilapidated condition today. My question to the hon. Minister, through you, is whether the Government will have any proposal now or in future to give financial assistance to those beneficiaries to renovate or to reconstruct new houses under thisf Scheme.

केंद्रीय ग्रामीण विकास, पंचायती राज्य तथा पेयजल, स्वच्छता, पोत परिवहन, सड़क परिवहन, राजमार्ग मंत्री श्री नितिन गडकरी : सम्माननीय सदस्य ने जो कहा है, वह सही है। इस धनराशि में घर बनाना बहुत कठिन है। इसमें जो घर बनाया जाता है, वह ज्यादा दिन टिकता भी नहीं है। इसलिए प्रधानमंत्रीजी ने एक विजन दिया है कि साल 2022 तक सभी ग्रामीण क्षेत्र में सबको घर बनाकर देंगे। इसमें आवश्यकता है योजना

पर विचार करते हुए इसकी धनराशि बढ़ाए जाने की। इस साल के बजट में वित्तमंत्री ने हाउसिंग बैंक के लिए एक योजना की घोषणा की है। इसका उपयोग ग्रामीण हाउसिंग के लिए होगा। इसमें देखा जाएगा कि दो से तीन लाख में अच्छे पक्के मकान कैसे बन सकते हैं, जो ग्रामीण लोगों के लिए आर्थिक रूप से कष्टकारी भी नहीं हों। सरकार इस बारे में विचार कर रही है। सम्माननीय सदस्यों के सुझाव पर विचार करते हुए केंद्र सरकार कोई उचित योजना बनाएगी। जिसमें सभी को घर देने की सोच को फलीभूत किया जा सके।

लोकसभा अध्यक्ष श्रीमती सुमित्रा महाजन : मुझे लगता है कि सबकी समस्या का समाधान हो गया होगा। फिर भी एस.एस. अहलूवालियाजी क्या आपको कुछ अलग से पूछना है ?

श्री एस.एस. अहलूवालिया (दार्जिलिंग) : दार्जिलिंग सिक्किम का पड़ोसी है। एक ही पहाड़ में दोनों इलाके बसे हुए हैं। नॉर्थ-ईस्टर्न राज्यों और सिक्किम को 90:10 के अनुपात पर अनुदान देने का निर्णय लिया गया है। सीमा के उस पार 90:10 का अनुपात और इस तरफ 75:25 का अनुपात कुछ अजीब सा लगता है। हिमालय की गोद में बसे कलिंगपोंग, कर्सियांग और दार्जिलिंग के लिए भी यह अनुदान मिलना चाहिए। क्या सरकार इस पर विचार करेगी ?

श्री नितिन गडकरी : मौजूदा योजना में जो आर्थिक प्रावधान है, उसे देखते हुए सम्माननीय सदस्य ने जो बात कही है, उसे पूर्ण करना बहुत कठिन है। 90:10 के अनुपात में भी जाने के बाद बी.पी.एल. श्रेणी में रहनेवाला परिवार उस लागत में मकान नहीं बना पाएगा। इसलिए इस योजना में हम चाहते हैं कि ऐसा मकान बने, जो कम से कम 15 साल मजबूत रहे और लोगों को उसकी सुविधा मिले। सरकार इस दिशा में विचार कर रही है कि क्या कम ऋण में सब्सिडी देकर फंड मुहैया कराना उचित होगा। इसके अलावा शून्य ब्याज-दर पर ऋण देने के बारे में भी सोचा जा रहा है। हालाँकि अभी सरकार ने इस पर कोई निर्णय नहीं लिया है। सरकार चाहती है कि मौजूदा लागत में छोटा मकान गाँव में जो बनेगा, कम-से-कम 15 साल तक उनको

उसका फायदा मिलना चाहिए। यह 90:10 अनुपात में नहीं हो पाएगा। जल्दी ही हम लोग आप सबसे सुझाव लेकर ऐसी कोई योजना लाएँगे, जिससे वर्ष 2022 तक सबके घर का सपना पूरा कर सके।

□

सेटेलाइट से मनरेगा की निगरानी

श्री राजीव सातव (हिंगोली) : हम मनरेगा के विषय में बहुत महत्त्वपूर्ण चर्चा कर रहे हैं। केंद्रीय मंत्री महाराष्ट्र से आते हैं और महाराष्ट्र में मनरेगा में बहुत बड़ा काम हुआ है। लेकिन आज हम जो सबसे बड़ी समस्या का सामना कर रहे हैं, वह किसान को खेत में काम करने के लिए जिस तादाद में मजदूर उपलब्ध होने चाहिए, उतने मजदूर नहीं मिल रहे हैं। इसमें कई विभाग क्रियान्वयन करते हैं। मेरा मंत्रीजी से आग्रह है कि मनरेगा योजना के क्रियान्वयन के लिए एक विभाग किया जाए। इससे छोटे किसानों को मनरेगा का लाभ मिलेगा।

श्री जनार्दन मिश्र (रीवा) : इस योजना का मूल उद्देश्य मिट्टी खोदकर लोगों को काम देना था। ग्राम पंचायतों में स्थिति यह हो गई है कि अब कोई भी मिट्टी का काम शेष नहीं बचा है। इसलिए मेरा मंत्रीजी से निवेदन है कि जिस तरह सामग्री के लिए 40 प्रतिशत, मजदूरी के लिए 60 प्रतिशत दिया गया है। उसी तरह मेरा सुझाव है कि मशीनों का उपयोग भी लिया जाना चाहिए। यह योजना किसी तरह बंद करने योग्य नहीं है। इसे चालू रखा जाए।

केंद्रीय ग्रामीण विकास, पंचायती राज्य तथा पेयजल, स्वच्छता, पोत परिवहन, सड़क परिवहन, राजमार्ग मंत्री श्री नितिन गडकरी : देश की यह बहुत महत्त्वपूर्ण योजना है, जो ग्रामीण, कृषि और रोजगार के साथ जुड़ी है। उसके बारे में सदस्यों ने बहुत महत्त्वपूर्ण सुझाव दिए हैं। उनके सभी सुझावों पर सरकार बहुत गंभीरता से विचार करेगी। राष्ट्रीय ग्रामीण रोजगार गारंटी योजना के बारे में सदन में जो चर्चा हुई है, उसमें कई सदस्यों ने भ्रष्टाचार होने की बात उठाई है। साथ ही मनरेगा में सुधार और परिवर्तन लाने की जरूरत पर भी बल

दिया गया है। सभी सदस्यों की भावनाओं को सरकार ने बहुत गंभीरता से लिया है। कुछ राज्यों में जैसे पंजाब, हरियाणा, महाराष्ट्र के कुछ भाग, गुजरात में कृषि ग्रोथ-रेट ज्यादा है, जी.डी.पी. ज्यादा है, प्रति व्यक्ति आमदनी ज्यादा है, जबकि कुछ प्रदेश ऐसे हैं, जहाँ जंगल हैं, पिछड़ा इलाका है। आदिवासी समाज है, वहाँ गरीब को दो वक्त की रोटी नहीं मिलती। लोगों को काम नहीं मिलता। उस समय यू.पी.ए. सरकार को चुनाव की जल्दबाजी थी, इसलिए इस योजना पर जितनी गंभीरता से विचार होना चाहिए, वैसा नहीं हुआ। जिस कारण ये सवाल उठाए जा रहे हैं। क्योंकि महात्मा गांधी का नाम इस योजना से जुड़ा है, इसलिए केंद्र सरकार इस योजना में किसी तरह का अड़चन नहीं आने देगी। इस योजना पर आगे किसी तरह की टिप्पणी नहीं हो, इसकी हम पूरी चिंता करेंगे। ग्रामीणों को रोजगार देने के लिए सरकार प्रतिबद्ध है। आपकी तरफ से 60:40 के अनुपात के बारे में जो कहा गया है, उसमें बहुत समस्या है। मैं जब से इस मंत्रालय में आया हूँ, तब से सांसद मुझसे मिल रहे हैं। इसको लेकर कई तरह की शिकायतें आई हैं। हम इसमें थोड़ा बदलाव कर रहे हैं। जिला स्तर पर हमने 49:51 प्रतिशत के अनुपात में सुधार करने का निर्णय किया है। अब आप सवाल कहेंगे कि क्या इससे आगे भी जा सकते हैं? तो इसकी अनुमति नहीं है। यह पहला प्रयोग किया जाएगा। यदि इसके बाद भी आपकी अपेक्षाएँ पूरी नहीं होती हैं, तो आप हमारे पास जरूर आइएगा। हम उस पर विचार करेंगे। जिलास्तर पर इसे लाने से आपको कई प्रकार की अनुमति मिलेगी। मैं, विशेष रूप से वाटर कंजर्वेशन पर काम करता हूँ। मेरा मानना है कि पानी से देश में समृद्धता आ सकती है। गरीबी दूर हो सकती है। मेरी अपनी परिकल्पना है कि 'दौड़ने वाले पानी को चलने के लिए लगाओ, चलने वाले पानी को रुकने के लिए लगाओ और रुके हुए पानी को जमीन को पीने के लिए लगाओ।' इसी संकल्पना पर मेरा विभाग बहुत जोर दे रहा है। इसलिए मेरा आप सभी से आह्वान है कि वाटर कंजर्वेशन के जितने भी कार्यक्रम हैं, उन्हें आप सभी लोग प्राथमिकता दें। देश में बरसात का 15 से 20 प्रतिशत पानी ही तालाब और बाँध में संग्रह होता है। बरसात का 60 प्रतिशत पानी समुद्र में बह जाता है। क्या हम सब लोग समुद्र में बहने वाले पानी को बचा सकते हैं? अगर हमने इसे बचाने का प्रबंध कर लिया, तो देश

में कभी सूखा नहीं आएगा। सभी कुओं में चौबीस घंटे पानी रहेगा और इससे गरीबी दूर हो जाएगी। धुलिया जिले में शिरपुर स्थान है। मैंने अपने अधिकारियों को वहाँ भेजा। वह शिरपुर पैटर्न के नाम पर महाराष्ट्र में प्रसिद्ध हुआ है। वहाँ जमीन के अंदर 35 फीट से अधिक एक्जिस्टिंग नालों का विड्थ बढ़ाया गया है और इसमें जियोलॉजी और हाइड्रोलॉजी भी शामिल है। जमीन का कुछ हिस्सा ऐसा होता है, जो पानी पीता है और कुछ हिस्सा ऐसा होता है, जो पानी को बहा देता है। हम लोग जमीन के नीचे जाएँ और जब जमीन का हिस्सा पानी पीने लगेगा, तो उरागें टी करके कंक्रीट का ब्लॉक लगा दें, तो उससे पानी पीने की प्रक्रिया तीन-चार गुना ज्यादा बढ़ जाती है। महाराष्ट्र के वर्धा जिले के उस गाँव में पहली बार जब मैं गया था तो वहाँ के लोगों के शरीर पर कपड़े तक नहीं थे, लेकिन जैसे ही यह नौ किलोमीटर का चेक डैम बना तो आज उस गाँव के लोगों की गरीबी दूर हो गई है। वहाँ गाड़ियाँ आ गईं, कुओं में 24 घंटे पानी आ गया है। उस समय मैंने श्रीमती सोनिया गांधीजी और तत्कालीन प्रधानमंत्रीजी को पत्र लिखकर इस प्रयोग को आगे बढ़ाने का सुझाव दिया था। मेरा अनुरोध है कि जिला स्तर 49.51 प्रतिशत का जो अनुपात है, उसमें जलसंग्रहण को ज्यादा प्राथमिकता दी जानी चाहिए। वित्तमंत्री ने इस बार एक लाख सोलर वाटर पंप लगने का अनुमान व्यक्त किया है। अगर सोलर वाटर पंप लग जाएँगे, तो कुओं

में 24 घंटों पानी आएगा। इससे किसान को 24 घंटे पानी और बिजली मिलेगी, तो गरीबी का सवाल ही पैदा नहीं होता। पानी से कृषि का उत्पादन ढाई गुना बढ़ेगा और देश की उन्नति होगी। ग्रामीण तथा कृषि उत्पादकता बढ़ाने के लिए इस व्यवस्था में सुधार करके राज्यों की लघु सिंचाई वाले तालाब, नहर पर खास ध्यान देना होगा। जब यह योजना बनाई गई, तब सारा कुछ केंद्र पर केंद्रित कर दिया गया। राज्य सरकारों को इसमें ज्यादा अधिकार नहीं दिए गए। मैं, आज सदन में घोषणा करता हूँ कि राज्य सरकारें 49-51 प्रतिशत के आधार पर अगर कृषि क्षेत्र में, जल संवर्धन क्षेत्र में, रोजगार देते समय किसी नए काम को जोड़ना चाहती हैं तो उन्हें हम अनुमति देंगे। इसके साथ एक और महत्त्वपूर्ण बात है कि हमारे पास अभी तक भ्रष्टाचार की 3641 शिकायतें आई हैं। यह सही है कि इसमें कई तरह की गड़बड़ी हुई है। मैं भी सोच रहा था कि इसका क्या उपाय किया जाए। हैदराबाद के सुदूर क्षेत्र के निदेशक को मैंने अपने यहाँ बुलाया और ग्रामीण विकास अधिकारियों के साथ बैठक की। उस बैठक में हमने दो निर्णय किए। एक, उड़नदस्ता दल तैयार करने का, दूसरा, मनरेगा का उपग्रह से निगरानी का। उसके लिए एक सेक्शन दिल्ली में बना रहे हैं। देश में मनरेगा का जो काम चल रहा है, उसे हम निगरानी कक्ष में बैठकर देख सकेंगे। देश में तकनीकी विकास इतना हो चुका है कि निगरानी करना कठिन नहीं है। इससे भ्रष्टाचार करनेवाले की पहचान कर उसके खिलाफ कार्रवाई करना आसान हो जाएगा। मनरेगा में एक दूसरी तकनीक इलेक्ट्रॉनिक फंड मैनेजमेंट की व्यवस्था की गई है। हम इ-गवर्नेंस का उपयोग करके इलेक्ट्रानिक फंड मैनेजमेंट व्यवस्था के जरिए मजदूरों को सीधे पैसा दे सकते हैं। इसमें भुगतान मिलने में देरी भी नहीं होगी। हाँ, यदि किसी कारण से विलंब हुआ तो हम मजदूरी का अतिरिक्त भुगतान करेंगे। इसके साथ यह प्रावधान भी किया गया है कि यदि कोई राज्य सरकार भुगतान में विलंब करती है तो हम उसके खिलाफ कार्रवाई करेंगे। मैं, वायदा करता हूँ कि मनरेगा को लेकर जो भी अच्छे सुझाव दिए जाएँगे, उन्हें हम अपनाएँगे। मैं, राज्य सरकारों की बात नहीं कर रहा, संसद् में जो सांसद बैठे हैं, उनसे कहना चाहता हूँ कि वे बताएँ कि मनरेगा में कौन-कौन से काम और जोड़े जाने चाहिए। उन्हें स्वीकार करके हम उन पर अमल करेंगे। The purpose of

the Act is कि उसमें हम अतिरिक्त करना चाहते हैं और रोजगारपरक बनाना चाहते हैं। यह आपकी बात सही है कि 60.40 के अनुपात में अभी तक केवल पैसे बाँटे जाते थे। रोजगार बढ़ाने को लेकर क्या अतिरिक्त जोड़ा जा सकता है, इस दिशा में नहीं सोचा गया। अब हम मनरेगा को बेहतर करना चाहते हैं। लोगों के लिए लाभकारी हो, इसे ध्यान में रखकर इसकी निगरानी का प्रबंधन किया जा रहा है, वहीं सीधे खाते में पैसा जमा कराने की पद्धति से मजदूरों को समय पर पैसा मिले, इसका प्रबंधन किया जा रहा है। जहाँ तक पूर्वोत्तर क्षेत्र की बात है, तो हमें यह समझना चाहिए कि हर राज्य की स्थिति अलग-अलग होती है। वहाँ कोई काम जोड़ने को लेकर यदि आप सुझाव देंगे तो हम उस पर विचार करेंगे। वैसे राज्यों को भी इसके लिए अधिकार दिए गए हैं।

3 दिसंबर, 2015

SHRIMATI KOTHAOALLI GEETHA (ARAKU): we know that the maintenance of highways now-a-days has bccome a very big challenge for the Govrnment Last year, 1,37,000 people died in road accidents. Today,in India, there is one death after every four minutes. First of all, I would like to congratulate the hon. Union Government and the hon. Minister for taking the initiative and launching the Green Highways (Plantation,Transplantation, Beautification and Mainte-nance)

Policy, 2015. I believe this will be a progressive step towards environmental conservation and sustainable growth.This initiative will also improve the quality and maintenance of the green cover of national highways. I believe that it will also provide employment opportunities for the local people. I would like to ask the hon. Minister through you whether there is any proposal or steps taken towards the maintenance of the existing highways under this scheme, if so, is it in coordination with the state Governments?

श्री नितिन गडकरी : देश में अब एक लाख किलोमीटर राष्ट्रीय राजमार्ग है। हम इसे 50 से 60 हजार किलोमीटर और बढ़ाकर दुर्घटनाओं को कम करना चाहते हैं। सम्मानीय सदस्या की बात सही है कि देश में होनेवाली पाँच लाख दुर्घटनाओं में डेढ़ लाख लोगों की जान जाती है और इससे देश का 55 हजार करोड़ रुपए का नुकसान होता है। यह जी.डी.पी. का लगभग तीन प्रतिशत है। हम देश में ग्रीन हाईवे बना रहे हैं। इसमें सड़क के किनारे प्लांटेशन, ट्रांसप्लांटेशन, ब्यूटीफिकेशन का काम होगा। हम चाहते हैं कि हाईवे में चलने वाले लोगों को सुखद एहसास हो, हरियाली हो, अच्छा ठहराव हो। इससे यात्रा बोझिल नहीं होगी। इस योजना के लिए दिल्ली में तीन हजार एन.जी.ओ., शिक्षण संस्थान, कॉरपोरेट सेक्टर, सामाजिक संगठनों सहित कई अन्य संगठनों की वर्कशॉप की गई थी। हम मई, जून में इस पर काम शुरू करनेवाले हैं। क्योंकि वृक्षारोपण का काम देश के सुदूर क्षेत्रों में किया जाएगा, इसलिए काम बेहतर हो रहा है या नहीं, इसकी निगरानी का प्रबंधन भी बेहतर किया जा रहा है। हम उपग्रह गगन और भुवन से इसकी निगरानी करेंगे। अभी पायलट प्रोजेक्ट शुरू होगा। हम पाँच-पाँच किमी. का काम देंगे। इसमें मुख्य भागीदारी गाँववालों की रखी जाएगी। वहाँ के बेरोजगार युवकों के अलावा महिला स्वसहायता समूहों को भी इसमें जोड़ा जाएगा। जिस क्षेत्र में जिस तरह का पेड़ उपयोगी होगा, वहाँ उसी तरह का वृक्ष लगाया जाएगा। इससे गाँव में 10 लाख युवाओं को रोजगार मिलेगा। ग्रीन एक्सप्रेस हाईवे से पर्यावरण को भी लाभ होगा। इसमें हमने टेंडर प्रक्रिया नहीं रखा है। हम छोटे-छोटे प्रोजेक्ट देंगे, जिसमें जो अच्छा काम करेगा उसे ज्यादा काम दिया जाएगा। जिन्होंने पहले काम किया है, उन्हें बड़े स्ट्रेच

दिए जाएँगे। जो खराब काम करेंगे, उन्हें बाहर करेंगे।

श्री मुलायम सिंह यादव (आजमगढ़) : आप उ.प्र. में काम कीजिए।

श्री नितिन गडकरी : हम जरूर करेंगे। जो वर्कशाप हुआ है, उसमें उ.प्र. के लोग भी आए थे। मैं, आपको बताना चाहता हूँ कि सौंदर्यीकरण का काम उस तरह से करना चाहता हूँ, जिससे सड़क के आसपास हरियाली बढ़े और प्रदूषण कम हो। जैसे लैंड स्क्रेपिंग के लिए आर्किटेक्ट होते हैं, उसी तरह इसमें काम होगा। पेड़ काटने की जगह ट्रांसप्लांटेशन किया जाएगा। इसके लिए विश्व की उम्दा तकनीक से संबंधित लोगों को बुलाया है। इसका सारा सामान कनाडा में बनना है, उन लोगों को भी बुलाया है। हमें एक भी पेड़ काटने की जरूरत नहीं पड़ेगी। सड़क बनाते समय रास्ते में जो बड़े पेड़ पड़ेंगे, उन्हें हम दूसरी जगह लगाएँगे। इसके लिए हम युवाओं को प्रोत्साहित कर रहे हैं।

लोकसभा अध्यक्ष सुमित्रा महाजन : मुलायम सिंहजी, यह केवल उ.प्र. का प्रश्न नहीं है।

SHRIMATI KOTHAPALLI GEETHA (ARAKU): I thank the Minister through you for this elaborate reply. The Minister in his reply has also stated that it will create employment opportunities for the local people. During the framing of the policy, this policy is also set to be implemented through the MGNREGA. I would like to ask the hon. Minister through you whether there in any such proposal of taking this forward through the MGNREGA is under consideration.

श्री नितिन गडकरी : मंत्री बनने के बाद से अभी तक मैंने डेढ़ लाख करोड़ के काम स्वीकृत किए हैं।

श्री कल्याण बनर्जी (श्रीरामपुर) : पश्चिम बंगाल में क्या काम किया है ? वहाँ नेशनल हाईवे में कुछ काम नहीं हुआ है।

Speaker Smt. Sumitra Mahajan: I am sorry. You will not answer anybody. Nothing will go on record.

श्री नितिन गडकरी : पूरे देश में जितना काम नहीं हुआ है, उतना केवल आपके राज्य में काम हुआ है। मैं सदन को बता देना चाहता हूँ कि कल ही मुख्यमंत्री ममता बनर्जी ने मुझे फोन किया, मैं कोलकाता में था। उनकी तरफ

से जितने काम बताए गए, उनको मैंने पूरा किया। आप यदि यह साबित कर दें कि मैंने घोषणा के अनुसार काम नहीं किया तो इस संबंध में मैं सदन में चर्चा करने के लिए तैयार हूँ। हमने नया नियम बनाया है। लागत में एक प्रतिशत राशि प्लांटेशन, ब्यूटीफिकेशन और प्रबंधन के लिए रखी है। यदि हजार करोड़ रुपए का प्रोजेक्ट होगा तो उसका एक प्रतिशत, यानी दस करोड़ रुपए हम अलग से रखते हैं। यह फंड अलग से हमारे पास उपलब्ध है, जिस कारण हमें किसी अन्य फंड की आवश्यकता नहीं है। इसके साथ मनरेगा में नर्सरी के लिए अनुमति है, उसके आधार पर ग्रामीण भाग में आप उसका लाभ ले सकते हैं। हमारे पास पैसे की कोई कमी नहीं है।

श्री चंद्रप्रकाश जोशी (चित्तौड़गढ़) : मैं माननीय मंत्री नितिन गडकरीजी को सबसे पहले धन्यवाद देना चाहता हूँ कि उन्होंने ग्रीन हाईवे बनाने का संकल्प लिया। मेरे प्रश्न का उन्होंने विस्तृत जवाब दिया। कई बार चार से छह लेन बनाते समय वहाँ वृक्ष को हटाना पड़ता है और फिर से नया प्लांटेशन कराना पड़ता है। लेकिन आपकी नई विधि से अब पेड़ नहीं काटे जाएँगे। मेरा मूल प्रश्न यह है कि डिवाइडर में जो प्लांटेशन होता है, उससे हेड लाइट की रोशनी सीधे आँखों पर नहीं पड़ती है और दुर्घटना से बचाव होता है। सड़क की सुंदरता बढ़ती है। प्रदूषण में कमी आती है। नेशनल हाईवे ईस्ट-वेस्ट कॉरिडोर और गोल्डन कॉरिडोर, जो राजस्थान के चित्तौड़गढ़ से निकलती है, वहाँ पर 65 हजार

स्क्वायर मीटर जमीन पड़ी है। चूँकि यह मेरा संसदीय क्षेत्र भी है, इसलिए मैं माननीय मंत्री महोदय से पूछना चाहता हूँ कि क्या उस क्षेत्र में व्यावसायिक उपयोग वाले आँवला, जामुन जैसे पेड़ लगाए जा सकते हैं। क्या सरकार उस पर विचार कर रही है ?

श्री नितिन गडकरी : क्षेत्र में जो स्थान उपलब्ध है, उसमें हमने 1200 राजमार्ग विलेज बनाने का निर्णय किया है। इसमें देशी-विदेशी ब्रांड के रेस्तराँ होंगे। विश्रामगृह होगा। मनोरंजन के साधन होंगे। पार्क होगा। हैलीपैड होगा। स्थानीय व्यंजन की दुकानें होंगी। पार्किंग होगी। मतलब, पूरा छोटा बाजार होगा। साठ जगहों का टेंडर दिसंबर के पहले निकालने के लिए मैंने कहा है। उनमें आपकी बताई जगह का नाम भी है। मेरा विश्वास है कि आनेवाले तीन महीने में ये टेंडर निकल जाएँगे, इनके वर्क-ऑर्डर भी होंगे और वहाँ पर लैंड-स्क्रेपिंग और पेड़ लगाने का काम भी निश्चत रूप से करेंगे।

SHRI C. MAHENDRAN (POLLACHI): a lot of accident have taken place on our four-lane and six-lane National Highways due to the glare from the headlights of oncoming vehicle. In Tamil Nadu, plantations are already laid in the central medians of the four-lane and six-lane national highways but they are not continuous and there are gaps in between Further. The alreadylaid plantations are also not maintained properly. Is the proposed plantation going to be raised without any gap on the central medians of the national highways in Tamil Nadu to avoid accident due to the glare of the headlights of inci=oming vehicle? And by when would the plantation works be completed?

SHRI NITIN GADKARI: Is is correct that the civil contractors do not have expertise in plantation, transplantation, beautification and maintenance. That in the important reason why we want to ceeate a new agency which can be a charitable institution or an NGO or an organization specializing in plabtation, transplantation, maintenance and beautification. Now I feel after taking these measres there should not be any problem in Tamil Nadu. We will take all preventive measures under your suggestions and we will have a good organization for maintaining the plantation. I feel that by this that problem can be solved.

श्री राजीव सातव (हिंगोली) : ग्रीन हाईवे पॉलिसी मंत्रीजी ने शुरू की है, मैं उसके लिए उनको धन्यवाद देता हूँ। जब हाईवे को हम ग्रीन हाईवेज बना रहे हैं, तो कई सारे तीर्थक्षेत्र हैं जैसे—पंढरपुर। वहाँ मंत्रीजी भी साल में दो बार आते हैं। क्या मंत्रीजी ग्रीन हाईवे में ऐसे तीर्थ क्षेत्रों को प्राथमिकता देंगे।

श्री नितिन गडकरी : आप जिन तीर्थ क्षेत्रों की बात कर रहे हैं, वे सभी राष्ट्रीय राजमार्ग से जुड़ रहे हैं। इसलिए उन तक मैं काम करूँगा। जहाँ राष्ट्रीय राजमार्ग समाप्त होता है, वहाँ से आगे राज्य का अधिकार शुरू हो जाता है। वहाँ मैं काम नहीं कर सकता। मैंने रक्षामंत्री से कहा है कि गोवा के काम की मैं जिम्मेदारी लूँगा, इसी तरह से आप अपने संसदीय क्षेत्र के काम की जिम्मेदारी लेकर आगे आइए, हमारी तरफ से जो मदद हो सकती है, हम करेंगे। ज्यादा-से-ज्यादा पेड़ लगने चाहिए, हरियाली बढ़नी चाहिए, यही हमारा प्रायोजन है। इससे रोजगार का निर्माण होगा और पर्यावरण के गंभीर प्रश्न को भी हम सुलझा सकेंगे।

श्री गणेश सिंह (सतना) : माननीय मंत्रीजी ने हरित राजमार्ग नीति-2015 की शुरुआत की है, यह निश्चित रूप से बहुत स्वागतयोग्य कदम है। अकसर हम लोग देखते हैं कि जिन राष्ट्रीय राजमार्गों का चौड़ीकरण हो रहा होता है, वहाँ पुराने पेड़ काट दिए जाते हैं। जब पेड़ काटे जाते हैं तो मन को बहुत पीड़ा होती है। लेकिन इस नई नीति से नितिनजी राष्ट्रीय राजमार्ग के दोनों तरफ एक नई प्रक्रिया शुरू कर रहे हैं। मैं, मंत्रीजी से यह जानना चाहता हूँ कि क्या प्लांटेशन के रख-रखाव के लिए संबंधित क्षेत्र की ग्राम पंचायतों को भी जिम्मेदारी दी जाएगी अथवा बाहर की किसी एजेंसी को लाएँगे?

श्री नितिन गडकरी : अगर वहाँ की ग्राम पंचायत इस योजना में आती है तो वह भागीदार बन सकती है। अगर आम के पेड़ वहाँ लगेंगे तो उसके उत्पादन का लाभ ग्राम पंचायत का होगा। उस गाँव के स्कूल भी इसमें शामिल हो सकते हैं। स्कूलों में एन.एस.एस. की यूनिट होती है, वे भी आ सकते हैं। एन.सी.सी. की यूनिट है तो वह भी आ सकती है। सामाजिक संगठन भी इसमें आ सकते हैं। महिला स्व-सहायता समूह भी आ सकता है। जो लोग आएँगे,

उनको उसका लाभ मिलेगा। रोजगार भी मिलेगा और उन पेड़ों के संरक्षण की जिम्मेदारी भी उन पर होगी। सरकार उनको पैसा देगी, लेकिन जो अच्छा काम नहीं करेगा, वह व्यवस्था से बाहर हो जाएगा। जो अच्छा काम करेगा, उसका काम बढ़ता जाएगा। सारा काम निगरानी में होगा।

प्रश्न संख्या—64

DR. HEENA VIJAYKUMAR GAVIT (NANDURBAR): first of all I would like to congratulate the hon. Minister for the excellent work that he is doing in the road sector. My first supplementary question is, in my parliamentary constituency Nandurbar, Surat-Amravati national highway was sanctioned and approved by the Govenrment in March, 2012 and the total amount fot the project was Rs. 4,500 crore. The work was given to some private company in june, 2012. The company did not start the work and now in September, 2014 it has backed out from the project. The total coat of this project as of today is around Rs. 6,000 crore. I would like to know from the hon. Minister whether the Government is going to fix any responsibility on the authority or the company whoever is responsible for this delay and find them. I would also like to know from the hon. Minister as to when this national highway is going to start and by what time it will be completed.

श्री नितिन गडकरी : इस सड़क में चार पैकेज थे। जो कंपनी थी, उसे मैंने रोकने का प्रयास किया, लेकिन वह चली गई। अब इसमें जिम्मेदारी तय करने का मसला आएगा। फिर पिछली सरकार पर डालने की बात आएगी। मैं उसमें नहीं जाना चाहता। अभी इसमें 3,80,000 करोड़ रुपए के 280 प्रोजेक्ट्स हैं। अभी तक 90 प्रतिशत समस्या हल हो गई है। जलगाँव से अमरावती तक बनने वाली सड़क का अभी भूमिपूजन किया गया है।, तीन पैकेज शुरू हो गए हैं। चौथा बी.ओ.टी. वाले काम के लिए अभी कोई नहीं आया है। तीन माह के अंदर उसका काम शुरू हो जाएगा। कैबिनेट ने 21 निर्णय लिये हैं, विलंब के लिए राज्य और केंद्र सरकार प्रत्यक्ष-अप्रत्यक्ष रूप से जिम्मेदार होती है। उसके लिए हमने एक मैकेनिज्म बनाया है। उसमें समय बढ़ाने से समस्या हल हुई। अब हमारे लगभग 95 प्रतिशत प्रोजेक्ट्स चलने लगे हैं। पाँच प्रतिशत प्रोजेक्ट्स के लिए थोड़ी समस्या है, लेकिन आपका प्रोजेक्ट तीन माह के अंदर शुरू हो जाएगा।

प्रश्न संख्या—162

SHRIMATI RITA TARAI (JAIPUR): I thanks you for giving me the opportunity to ask the supplementary questions on his important subject. I have gone through the reply of the Hon,ble Minister, but I am not satisfied. Even though the Minister has admitted the importance if connectivity of National Highways, he has not submitted the details of the 700 kilometters of road which are to be laid in different State of India. I want the details of the Bharatmala project and demand that my constituency Jaipur should get priority as it is a backward area…

(At this stage, Shri Kodikunnil Suresh, shrimati Ranjeet Ranjan and some other hon. Members came and stood near the Table.)

केंद्रीय पोत परिवहन, सड़क परिवहन एवं राजमार्ग मंत्री श्री नितिन गडकरी : देश की प्रगति और विकास के लिए हमने बंदरगाहों को विकसित करने वाली सागर माला परियोजना की शुरुआत की है। इस परियोजना के तहत सात हजार किमी. का संपर्क बड़े पोर्ट से किया जाएगा। इसके साथ छोटे पोर्ट को भी सड़क संपर्क से जोड़ने की योजना है। आंध्र प्रदेश में माइनर पोर्ट्स के लिए 450 किमी. के 13 सड़क को मंजूरी दी गई है। कर्नाटक में 12 छोटी परियोजनाओं से सड़क संपर्क को मंजूरी दी गई है। महाराष्ट्र में 784 किमी. की सड़क को मंजूरी दी गई है, लेकिन ओड़िशा में, जहाँ आपका निर्वाचन क्षेत्र है, वहाँ छोटे पोर्ट और सड़क संपर्क में समस्या है। उसे हम सुलझाकर नेशनल हाईवे बनाएँगे, जिससे वहाँ से कंटेनर ट्रैफिक सहजता से आ-जा सकें। इसके साथ हमने पोर्ट-रेल संपर्क कॉरपोरेशन भी खोला है। बड़े पोर्ट में रेल संपर्क का काम भी हम कर रहे हैं। अगर राज्य सरकार छोटे पोर्ट में रेल संपर्क के लिए कहेगी, तो हम उसे मदद करेंगे। आपके पोर्ट को पूरी तरह रेल और रोड संपर्क से जोड़कर सभी प्रकार की सहायता प्रदान करेंगे।

SHRIMATI RITA TARAI (JAIPUR): I would like to know from the Hon.ble Minister as to what steps are bening taken to make the NH6 six-laned between Chandikhol and Panikoiki in Jaipur District.

श्री नितिन गडकरी : चंडीपुर नेशनल हाईवे-6 को जोड़ने की जो बात की गई है, उसकी मेरे पास अभी जानकारी नहीं है। इसका आप डिटेल दीजिए। अगर आवश्यकता हुई तो उसे हम चार या छह लेन बनाने को मंजूरी दे देंगे।

SHRI BAIJAYANT JAY PANDA (KENDRAPARA): I would like to thank the hon. Minister for this response and in particular for the Bharat Mala Pariyojana for 7,000 kilometters of road around the country··· This is particularly important for the State odisha because of our almost 500 kilomettes coastline and three ports already functioning with other proposals three for ports. This is also pratocularty important for my constituency kendrapara which has 50 kilometters of coastline··· We have two parts at the southern end of Kenerpara which is Paradip Port in jagatsinghour distruct and we have Dhamra Port in the northern end of kendrapara.This question is particularly important because in kendrapara despite 50 kilometteres of coastline we cannot have a port because of the turtle sanctuary, because of wildlife sanctuary···so, it is critically important for these road to be connected. My question to the hon.Minister is whether he can give us a commitment of a timeline in which this Bharat Mala pariyojana can be expedite.

श्री नितिन गडकरी : भारतमाला परियोजना में पोर्ट संपर्क के लिए 7,000 किमी. सड़क बनाई जाएगी। इसका डी.पी.आर. बनाएँगे। भूमि अधिग्रहण की समस्या है। कुछ जगहों पर वन–पर्यावरण की मंजूरी की समस्या है। इसमें से कुछ काम हम अप्रैल के पहले शुरू कर देंगे। आपने बहुत महत्त्वपूर्ण पोर्ट का उल्लेख किया है। पाराद्वीप देश का सबसे अच्छा पोर्ट बन सकता है। वहाँ कोल फील्ड उत्पादन 60 मिलियन टन से 300 मिलियन टन होनेवाला है। इसके लिए 4000 करोड़ रुपए खर्च करके रेल संपर्क बनाने की योजना है, हम सड़क संपर्क का भी प्रयास कर रहे हैं। पाराद्वीप के बगल में हम नई जगह लेकर नए पोर्ट के लिए भी कोशिश कर रहे हैं। पाराद्वीप पोर्ट कोल के लिए बहुत महत्त्वपूर्ण है। इसमें रेल और रोड संपर्क का प्रश्न है, जिसे हम सुलझाएँगे। राज्य सरकार के अधीन जो छोटे पोर्ट हैं, उन्हें भी सड़क, रेल और पोर्ट संपर्क के लिए कहेंगे। केंद्र सरकार की तरफ से हमारा विभाग पूरी तरह से सहायता करेगा।

SHRI MUTHAMSETHI SRINIVASA RAO (AVINTHI) (ANAKAPALLI): Providing road connectivity between non-major ports and national highways is of great importance as it helps in the economic development of the State and the country as a whole···May I know from the hon. Minister whether he has received any proposals from the Government of Andhra Pradesh for connectivity between non-major ports and national highways during the Twelfth Five-Year Plan period? May I also know whether the Minister has nay plan to connect the Visakhapatanam Port with the national highways? There is one bid for Anakapalli-Anantapur National Highway; the DPR is pending. That is a very important road.

Please start the work immediately. Already our State

Government has submitted the proposal to the Government of India··· The Visakhapatnam Port also has a huge potential with dock facilities for export and import of goods.

श्री नितिन गडकरी : हम विशाखापट्टनम पोर्ट के लिए प्रमुखता से काम करेंगे। मैं चार दिन पहले आंध्र प्रदेश गया था। आंध्र प्रदेश में 65 हजार करोड़ रुपए की सड़क परियोजनाओं को मंजूरी दी गई है। इन सब परियोजनाओं का काम अगले साल दिसंबर से पहले निश्चित रूप से शुरू होगा। भूमि अधिग्रहण पर राज्य सरकार को कार्रवाई करनी है। भूमि अधिग्रहण का डी.पी.आर. बन रहा है, हमने प्रदेश सरकार को कहा है कि आप इसकी डी.पी.आर. जल्दी बनाइए। मुझे लगता है कि यह काम जल्दी हो जाएगा। जहाँ चार लेन का काम पूरा हुआ है, फोर लेनिंग ऑफ एज्जीस्टिंग टू लेन रोड का वर्क अंडर प्रोग्रेस है। जहाँ ट्रैफिक डेंसिटी ज्यादा होगी, हम फोर लेन भी तुरंत शुरू करेंगे। क्योंकि वहाँ कंटेनर ट्रैफिक बहुत ज्यादा है, तो हम छह लेन के बारे में भी अध्ययन करेंगे और उस पर कार्रवाई करेंगे।

SPEAKER SMT. SUMITRA MAHAJAN: Bijoya Chakravarty. The question is regarding connecting ports.

SHRIMATI BIJYA CHAKRAVARTY (GUWAHATI): I am thankful to the hon. Minister as since he has taken charge of the Ministry he is taking a lot of plin to develop port and port connectivity. It is a welcome effort on the part of the Minister.we all agree that the development of port, be it sea or river, is very

SHIPPING
VISHAL SOLANKI

essential for overall smooth carrying of goods and passengers but so far this sector has been neglected. In this connection, through you, I woild like to know from the hon. Minister that it was proposed that ports of river Brahmaputra in the Northeastern region in Assam would be taken urgently. I hope that the hon. Minister has taken care of it. I would like to know from the hon. Minister how far the work regarding the proposed ports of river Brahmaputra in Assam has progressed.

श्री नितिन गडकरी : यह बात सही है कि देश में बंदरगाह विकास पर ज्यादा ध्यान नहीं दिया गया। चीन में 47 प्रतिशत, जापान और कोरिया में 43 और 44 प्रतिशत तथा यूरोपीयन देशों में 40 प्रतिशत यात्री ऐंड गुड्स जल-परिवहन पर है। जबकि हमारे यहाँ जल-परिवहन का उपयोग केवल 3.5 प्रतिशत हो रहा है। देश में सड़क से डेढ़ रुपए, रेल से एक रुपए और जलपरिवहन से 20 से 25 पैसे खर्चा आता है। इसलिए हमने अभी बँगलादेश के साथ करार किया है, जिससे ब्रह्मपुत्र में गुड्स के लिए सीमलैस ट्रैफिक खुल जाएगा। ब्रह्मपुत्र के ऊपर नॉर्थ-ईस्ट में हम छोटे-छोटे वाटर पोर्ट्स बना रहे हैं। हम यात्री जेट्टी के लिए 10 करोड़ रुपए का अनुदान देंगे और कंटेनर, फ्लोटिंग जेट्टी के लिए 25 करोड़ का अनुदान देंगे। आपके संसदीय क्षेत्र गुवाहाटी में पांडु जेट्टी है, उसके विकास के लिए हमने 50 करोड़ रुपए देने का निर्णय किया है। अब नॉर्थ-ईस्ट तथा पूरे कोलकाता से गंगा से ट्रांसपोर्ट की व्यवस्था सीधे होगी।

□

से पड़ोसी देशों को पूर्वोत्तर क्षेत्र से जोड़ने के लिए पूर्वोत्तर में सड़क अवसंरचना विकसित करने की भी परियोजनाएँ निर्धारित की हैं। पूर्वोत्तर आर–पार सीमा सड़क संपर्क सुधार परियोजना के अंतर्गत जे.आई.सी.ए. रोलिंग प्लान में कुल 10 उप–परियोजनाएँ शामिल की गई हैं, जिनमें अनुमानित 1.8 बिलियन अमेरिकी डॉलर के निवेश से लगभग 1,153 किमी. लंबाई कवर होगी। इनमें से मिजोरम और मेघालय में 435 किमी. के राष्ट्रीय राजमार्गों पर वर्ष 2016–17 में निर्माण प्रारंभ किए जाने की संभावना है। बी.बी.आई.एन.–एम.वी.ए. के फ्रेमवर्क के अंतर्गत सड़क संपर्क के महत्त्व पर प्रकाश डालने के लिए 14 नवंबर से 2 दिसंबर, 2015 के बीच एक बी.बी.आई.एन.–एम.वी.ए. फ्रेंडशिप मोटर रैली आयोजित की गई, जो लगभग 4,400 किमी. की दूरी तय करते हुए, भुवनेश्वर से आरंभ होकर झारखंड, बिहार, पश्चिम बंगाल, सिक्किम, थिंपू (भूटान), असम, मेघालय, त्रिपुरा, ढाका तथा कोलकाता होते हुए 20 दिन में समाप्त हुई। इसमें बँगलादेश, भूटान, नेपाल और भारत की टीमों ने हिस्सा लिया। जिन देशों से होकर यह रैली गुजरी, वहाँ बेहतर सद्‌भावना का सृजन हुआ। घनिष्ठ क्षेत्रीय आर्थिक सहयोग के लिए निर्वाह सड़क आवागमन और सामाजिक एवं तकनीकी सहयोग को बढ़ावा दिए जाने संबंधी आवश्यकताओं को पूरा करने के लिए सड़क परिवहन और राजमार्ग मंत्रालय ने सीमापार यात्री आवागमन के लिए पहल की है। भारत, नेपाल के साथ, भारत और बँगलादेश के बीच कई बस मार्गों पर नई बस सेवाएँ शुरू हो गई हैं। जिन मार्गों पर बस सेवाएँ प्रस्तावित हैं, उनमें

व्हीकल ऐक्ट से इसे अलग रखने के बारे में सोचा। इसलिए मैंने कहा कि इ-रिक्शा की तुलना ऑटो रिक्शा से नहीं की जानी चाहिए। इसके पहले भी सरकार थी, इतने साल में यह विधेयक क्यों नहीं लाया गया? पुरानी सरकार के समय कुछ भी नहीं किया गया। न रजिस्ट्रेशन की सुविधा की गई, न नोटिफिकेशन किया गया। क्योंकि तब प्रशासन यह मानकर चल रहा था कि मोटर व्हीकल ऐक्ट में इ-रिक्शा चलाना और बनाना असंभव है। मैंने इसकी तुलना साइकिल रिक्शा के साथ करके उसको वहाँ से निकालने का काम किया। इसका नया दिशा-निर्देश जारी किया गया। दिल्ली में एक दुर्घटना के बाद इ-रिक्शा का मामला हाईकोर्ट चला गया। हाईकोर्ट ने स्थगन दे दिया। केंद्र सरकार की तरफ से गरीब लोगों के हित को देखते हुए, जो नियम सोचे गए थे, वह इसलिए नहीं हो पाए, क्योंकि हाईकोर्ट के आदेश में हम बँध गए थे। आप में से बहुत से माननीय सदस्यों ने सुरक्षा की बात की है। टेरी की संस्था द्वारा दिल्ली में जब अध्ययन किया गया तब 52 प्रकार के मॉडल ध्यान में आए। मैंने आई.आई.टी, इंजीनियरिंग कॉलेज, पॉलीटेक्निक कॉलेज तथा तकनीक से संबंधित सभी संस्थानों को बुलाकर पैटर्न डिजाइन में से कुछ ऐसे डिजाइन सिलेक्ट किए, जिनके नाम्स ऐसे थे, जो सुरक्षा के लिहाज से आवश्यक थे। इ-रिक्शा अब चीन से आना बंद हो गया है। देश में इ-रिक्शा बनाने का काम होने लगा है। इसमें हमने सभी तकनीकी संस्थानों से आग्रह किया है कि वे बताएँ कि इ-रिक्शा कैसे सस्ता बन सकता है। नए कानून में एक मुद्दा ये आया कि मोटर और ट्रक के जो स्पेयर पार्ट्स लगते हैं, उनकी गुणवत्ता की जाँच की जाए। इसमें पाया गया कि अलग-अलग स्पेयर पार्ट लगाने से इ-रिक्शा की कीमत दो लाख तक पहुँच जाती है। रिक्शा चलाने वाला दो लाख का इ-रिक्शा कैसे खरीद सकता है। यह बहुत संवेदनशील विषय है। मैं इस विषय में संवेदनशीलता के साथ जुड़ा हूँ। अगर कानून में सुधार कर गरीब आदमी का फायदा होता है तो कानून को बदल देना चाहिए, उसे तोड़ना नहीं चाहिए। सच्चाई यह है कि इ-रिक्शा प्रदूषण मुक्त है। गरीबों के लिए सस्ता रोजगार का विकल्प लाने के साथ प्रदूषण कम करने का उपाय भी करना है। देश में प्रदूषण कम करना भी महत्त्वपूर्ण है। इ-रिक्शा इलेक्ट्रिक

एनर्जी पर आधारित है। वह साइकिल रिक्शा का विकल्प है। स्वाभाविक रूप से ऑटो रिक्शा वाले नहीं चाहेंगे कि इ-रिक्शा आए, क्योंकि इससे ऑटो रिक्शा पर खतरा बढ़ेगा। ऑटो से यात्रा करने पर कम से कम 50 रुपए लगते हैं तो इ-रिक्शा से 12-15 रुपए लगेंगे। इ-रिक्शा पर जोर देने के पीछे मेरा उद्देश्य लोगों को सस्ता साधन उपलब्ध कराना, गरीब वर्ग को सस्ता रोजगार का साधन मुहैया कराना तथा देश में प्रदूषण को कम करना है। इसलिए मैंने निर्णय लिया कि बाजार में पहले से प्रमाणित स्पेयर पार्ट जो हैं, उनका उपयोग इ-रिक्शा पर किया जाए। इसके लिए मुझे हर फाइल पर ओवर रूल करना पड़ा है। कारण, मैं जानता हूँ कि गरीब महँगा सामान नहीं खरीद सकता। लेकिन इतना सब करते हुए सुरक्षा से कोई समझौता नहीं किया गया। इसमें एक महत्त्वपूर्ण काम यह भी किया गया है कि रिक्शा चालक ही रिक्शा मालिक होगा। अब ऐसा नहीं चलेगा कि कोई व्यक्ति सौ रिक्शा खरीद ले और उसे किराए पर चलवाए। इसके लिए ऐसा प्रावधान किया गया है, जिससे रिक्शा चलाने वाला मालिक रहे। इ-रिक्शा की कीमत कम हो गई है। हम युवाओं को ऋण मुहैया कराएँगे। उससे वह रिक्शा खरीद सकेगा। प्रावधान यह किया गया है कि इ-रिक्शा उसी का होगा, जिसके नाम से लाइसेंस होगा। हमने राज्य सरकारों से इ-रिक्शा का रजिस्ट्रेशन ऑन लाइन करने को कहा है। इससे भ्रष्टाचार नहीं होगा। इ-रिक्शा को अब ऐसा डिजाइन किया गया है कि उसे महिलाएँ भी चला सकती हैं। इसमें व्यापक स्तर पर रोजगार के अवसर पैदा होंगे। मैं, बताना चाहता हूँ कि जब मैं भाजपा अध्यक्ष था, उस समय मैंने पार्टी में ट्रेड यूनियन शुरू किया था। मेरा उद्देश्य असंगठित क्षेत्र में काम करनेवालों की जरूरत को समझना और उनके लिए बेहतर काम का विकल्प तैयार करना था। आज भी मैं असंगठित क्षेत्र में काम करनेवाले कम से कम 80 हजार श्रमिक संगठनों का अध्यक्ष हूँ। मैं उनके हालत को जानता हूँ। आपने पंडित दीनदयाल उपाध्यक्षजी का नाम लिया। समाज के शोषित, दलित, पीड़ित, वर्ग के पास रहने के लिए मकान नहीं हैं, खाने के लिए रोटी नहीं है, शरीर पर कपड़े नहीं हैं। उसकी निरंतर सेवा करनी चाहिए। जिस दिन उस को रोटी, कपड़ा और मकान मिलेगा, उस दिन हमारा कार्य पूरा

होगा। दीनदयाल उपाध्यायजी ने अंत्योदय का विचार अपने चिंतन में रखा है। देश में एक करोड़ लोगों पर चार करोड़ लोगों की जिम्मेदारी है। उन्हें साइकिल रिक्शा से इ-रिक्शा में परिवर्तित करना है। आपने इ-रिक्शा को सोलर एनर्जी में बदलने का अच्छा सुझाव दिया है। भारत में अभी सोलर सेल की दक्षता ज्यादा-से-ज्यादा 16 प्रतिशत है। उतने से रिक्शा नहीं चल सकता। इ-रिक्शा में इतनी ऊर्जा होनी चाहिए कि वह 120 किलोमीटर चल सके। 20-25 किलोमीटर से काम नहीं होगा। जब सोलर सेल की दक्षता 40 प्रतिशत हो जाएगी, तो यह भी संभव हो जाएगा। मैं दिल्ली सरकार और नगर-निगम से निवेदन करनेवाला हूँ, जब मार्च, अप्रैल और मई में तापमान बढ़ता है तो हम प्याऊ लगाते हैं। उसी तरह से हमें रिक्शा स्टैंड, बस स्टैंड तथा कुछ प्रमुख स्थानों पर सोलर पैनल का शेड तैयार करने की जरूरत है, जिससे इ-रिक्शा वालों को फ्री ऑफ चार्जिंग की सुविधा मिल सके। यह काम नगर-निगम और नगरपालिका कर सकते हैं। मैंने दीनदयाल इ-रिक्शा योजना को प्रधानमंत्री तथा वित्तमंत्री के पास प्रस्तावित किया है। मैंने केंद्रीय मंत्री थावरचंद गहलोत और केंद्रीय मंत्री नजमा हेपतुल्ला के साथ बैठक की थी, उनके विभाग में वित्त आयोग पहले से है। वास्तव में जातिवादी तथा सांप्रदायिक राजनीति की आप लोगों की आदत है, लेकिन इ-रिक्शा मामले में आप ऐसा न करें तो अच्छा होगा। आप सब जानते हैं कि इ-रिक्शा की जरूरत किसे है। अनुसूचित जाति, अनुसूचित जनजाति, पिछड़ा वर्ग तथा अल्पसंख्यक समाज के उस गरीब वर्ग को इ-रिक्शा की आवश्यकता है, जो अपना घर छोड़कर पैसा कमाने के लिए बड़े शहरों में जाता है। आपको यह बताना जरूरी है कि केंद्रीय अल्पसंख्यक मंत्री ने मेरे आग्रह पर विभाग के वित्त आयोग से चार प्रतिशत ब्याज दर पर ऋण की सुविधा देने को तैयार हो गए हैं। यह विधेयक मंजूर होने के बाद कानून बन जाएगा तो मेरी कोशिश होगी कि अल्पसंख्यक, अनुसूचित जाति, अनुसूचित जनजाति समाज को शून्य ब्याज दर पर ऋण की सुविधा उपलब्ध हो। तकनीक बदल गई है। आज रिक्शा की जगह पर इ-रिक्शा की जरूरत है। समाज के गरीब वर्ग को सुविधा और सहायता मिल सके, इसकी हम कोशिश करेंगे।

केंद्रीय संसदीय कार्यमंत्री श्री एम. वेंकैया नायडु : मुझे और मल्लिकार्जुन खड़गेजी को संसद् आने के लिए इ-रिक्शा मिलेगा, जिससे संसद् में प्रदूषण नहीं हो।

श्री नितिन गडकरी : आप लोगों को याद होगा कि एक बार पेट्रोल के दाम जब ज्यादा बढ़ गए थे, तब अटल बिहारी वाजयेपीजी बैलगाड़ी से और चंद्रशेखरजी सहित कई सांसद साइकिल से संसद् आए थे। यह ग्रीन वाहन है, हमें इसका स्वागत करना चाहिए।

केंद्रीय सामाजिक कल्याण मंत्री श्री थावरचंद गहलोत : वेंकैया नायडुजी उसमें आसानी से आ सकते हैं, लेकिन खड़गे साहब को तो वजन कम करने की जरूरत पड़ेगी।

श्री नितिन गडकरी : थावरचंदजी, मैं आपको गारंटी देता हूँ कि इ-रिक्शा में मेरे वजन जैसे चार लोग आ जाएँगे। वैसे मेरा वजन 40 किलो कम हुआ है। आज की स्थिति में इ-रिक्शा में मेरे जैसे चार लोगों को और चालीस किलो समान ले जाने की अनुमति है। इ-कार्ट में 310 किलोवाट का इंजन रखा है, इ-कार्ट का उपयोग पटरी पर सामान बेचने वालों के लिए लाभकारी होगा। परंतु इसे किस क्षेत्र में अनुमति दी जानी चाहिए यह विषय काफी महत्त्वपूर्ण है। यह अधिकार राज्य सरकारों को दिया गया है कि वे तय करेंगे कि इसे कहाँ अनुमति दी जाए। इसे मुंबई में शुरू करने की बात आई थी। मैं बताना चाहता हूँ कि इ-रिक्शा को मुंबई में चलाने की अनुमति देना ठीक नहीं होगा। मुंबई के उपनगरों में चलाने की अनुमति देने के बारे में सोचा जा सकता है। क्योंकि इसकी 25 किमी. की रफ्तार के कारण मुख्य मार्ग पर चलने वाले वाहनों के सामने दिक्कत पैदा होगी। मैं बायोफ्यूल पर आठ साल से काम कर रहा हूँ। मेरा विभाग इस पर दिन-रात काम कर रहा है। इथनॉल से चलने वाली पहली बस महाराष्ट्र के किसानों ने तैयार की है। उसे नागपुर में चलाया जाएगा। आप लोग उसे देखने जरूर आइए। जब मैं मोटर व्हीकल संशोधन विधेयक-1988 लेकर आपके सामने आऊँगा, तब हम इन सब बातों के बारे में विचार करेंगे। लेकिन मैं इतना जरूर बताना चाहूँगा कि एक माह के भीतर देश में बायो डीजल, बायो गैस और इथनॉल पर बस चलाने की अनुमति दे दी जाएगी। हमें देश को प्रदूषण मुक्त बनाने के लिए इंडियन ऑयल और भारत पेट्रोलियम की जरूरत नहीं पड़ेगी, बल्कि यह काम

किसान और समाज के अन्य वर्ग के सहयोग से किया जा सकेगा। यह सबको पता है कि अधिकतर राज्य परिवहन की बसें घाटे पर चल रही हैं। घाटे को लाभकारी बनाने के लिए केंद्रीय भारी उद्योग मंत्रालय डीजल बस को इलेक्ट्रिक में बदलने की योजना बना रहा है। मुझे लगता है कि मेक इन इंडिया के तहत हम देश में डीजल को इलेक्ट्रिक बस में परिवर्तित करने में कामयाब होंगे। मैं, अनुप्रिया पटेलजी को धन्यवाद देता हूँ। क्योंकि उन्होंने मेरा बहुत काम आसान कर दिया है। उन्होंने इतनी अच्छी बातें रखी हैं कि माननीय सदस्यों को कई सवालों का जवाब मिल गया होगा। इसके साथ-साथ तथागत रायजी ने हाईब्रिड कार के बारे में भी कहा था। अभी तो बहुत टेक्नोलॉजी है। जैसे—डीजल प्लस इलेक्ट्रिक, पेट्रोल प्लस इलेक्ट्रिक, सी.एन.जी. प्लस इलेक्ट्रिक यह संभव है, लेकिन हमारे यहाँ मोटर व्हीकल्स कंट्रोल करनेवाली कंपनी थी, मुझे और केंद्रीय मंत्री अनंत गीतेजी को बहुत देर में ध्यान आया कि इसे हम नियंत्रित नहीं करते, बल्कि ऑटोमोबाइल उत्पादक इसे नियंत्रित करते हैं। वे चार-चार साल तक अनुमति नहीं देते थे। जब यह बात हमारे ध्यान में आई तो हम दोनों ने मिलकर बहुत अच्छे तरीके से उसे ठीक किया है। मैंने उनकी इंडस्ट्री में कहा है कि सब बदल रहा है। अगर आपको हमारे साथ आना है तो चलो। अगर आप नहीं करोगे तो विदेशी कंपनियाँ करेंगी। इससे फ्यूल बदलेगा और प्रदूषण मुक्त भारत बनेगा। मैंने साफ कहा कि आप आएँगे तो ठीक और नहीं आएँगे तो भी आपके बिना भी यह काम होगा। मेरे कहने का असर हुआ और वे भी अब इस काम में लग गए हैं। मैं सदन से प्रार्थना करना चाहता हूँ कि यह केवल दिल्ली के लिए नहीं है। छोटे शहरों में बाजार और बस स्टैंड से मोहल्लों में जाने के लिए इ-रिक्शा अच्छा साधन बनेगा। क्योंकि अभी जो वाहन चल रहे हैं, उसमें लोग भी ज्यादा बैठते हैं, जिससे सुरक्षा का खतरा है और डीजल के कारण प्रदूषण भी हो रहा है। एक बार मैं पश्चिम बंगाल में चुनाव प्रचार के लिए गया था, वहाँ मैंने ये स्थिति देखी थी। ऐसी जगहों पर इ-रिक्शा काफी काम का साबित होगा। मैं सम्मानित सदस्यों से पूछना चाहता हूँ कि इसे स्थायी समिति में क्यों भेजना है? कोर्ट का निर्णय मेरे हाथ में नहीं था। इसमें न मैं कुछ कर सकता और न आप। मेरे लिए एक-एक दिन भारी लग रहा है। कितने लोग बेरोजगार बैठे हैं। उनकी चिंता होना स्वाभाविक है। इसमें कोई कमी नहीं है।

माननीय
डकरी
एवं जहाजरानी
2016 को प्रात: 9:30
सड़क
राष्ट्रीय राजमार्गों पर सुरक्षित
की लागत से पुलों के
"सेतु
का

NITIN GADKARI

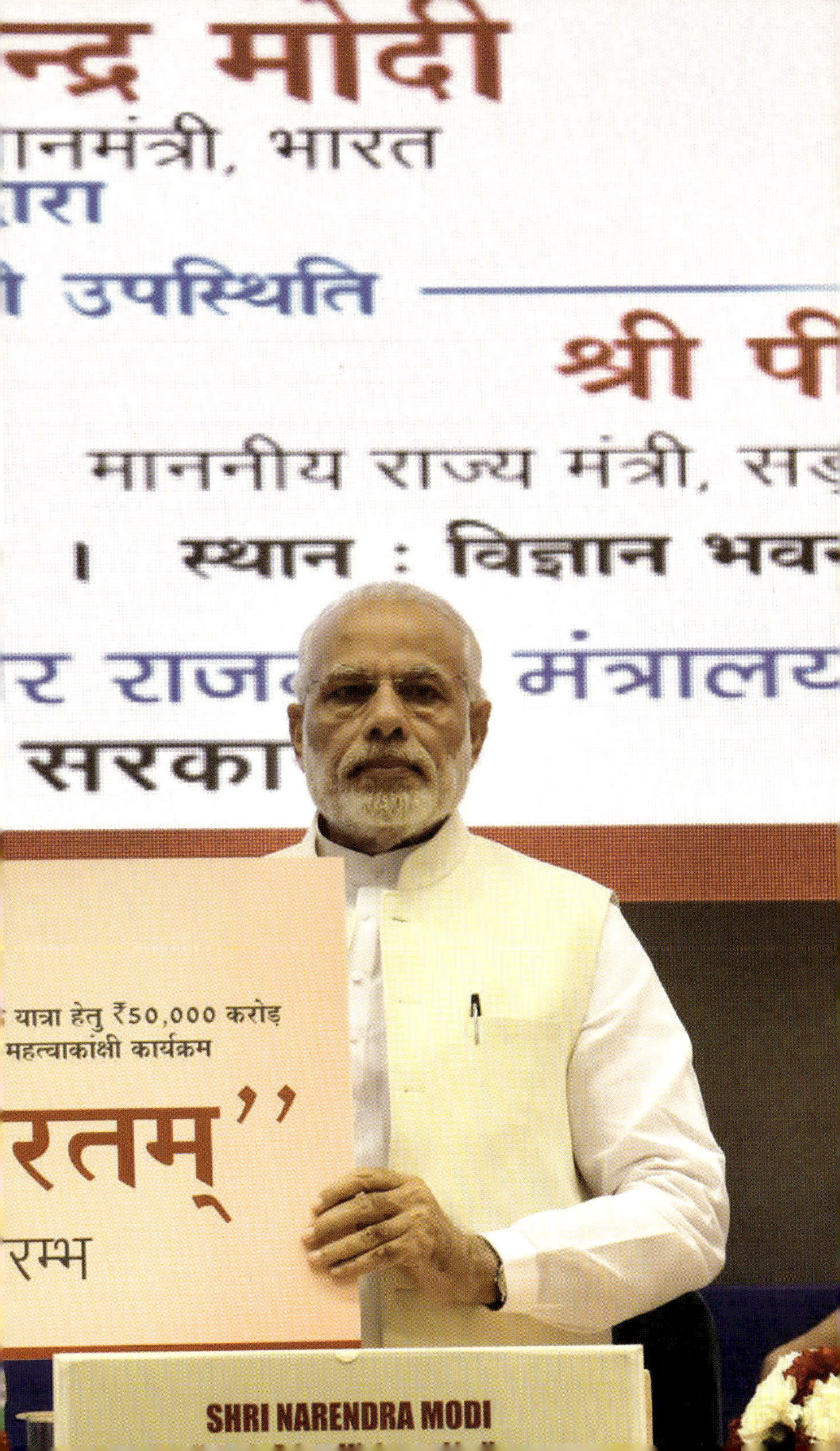

मोदी
भारत
उपस्थिति
श्री
माननीय राज्य मंत्री,
स्थान : विज्ञान
यात्रा हेतु ₹50,000 करोड़
महत्वाकांक्षी कार्यक्रम
SHRI NARENDRA MODI

अब हाइकोर्ट और संसद् की मंजूरी मिल गई है।

अगर जल्दी विधेयक पारित किया जाएगा तो लाखों लोगों को तुरंत रोजगार मिल जाएगा। यह गरीब के हित का मामला है, इसलिए खड़गेजी, मैं आपसे प्रार्थना कर रहा हूँ। यह विधेयक दिल्ली चुनाव के लिए नहीं लाया गया है, बल्कि कश्मीर से कन्याकुमारी तक करोड़ों लोगों की रोजगार की समस्या हल करने के लिए इसे लाया गया है। इस देश में चुनाव तो हर साल होते हैं। मेरा आपसे आग्रह है कि इसे संसद् की स्थायी समिति में ले जाने की बात मत कहिए। मैं आपको विश्वास दिलाता हूँ, आपके पास कोई भी समस्या है, कोई भी अच्छा सुझाव है, आप मेरे पास आइए, जब सरकार आपके अच्छे सुझाव को स्वीकार करने के लिए तैयार है तो आप स्थायी समिति में जाने की बात क्यों करते हैं।

नेता प्रतिपक्ष श्री मल्लिकार्जुन खड़गे : इस विधेयक के विरोध में संसद् का कोई सदस्य नहीं है। प्रश्न यह है कि जो संसदीय प्रणाली है, हम हमेशा उसे अपनाते आए हैं। हर विधेयक को स्थायी समिति में ले जाया गया है। (श्री खड़गे की तरफ से कई विधेयकों का हवाला देते हुए मोटर व्हीकल संशोधन विधेयक को स्थायी समिति में भेजने की अपनी बात को स्पष्ट करने की कोशिश की गई।)

श्री नितिन गडकरी : यह संशोधन विधेयक है। सदन में माननीय सांसदों की तरफ से जो भी आशंका जताई गई, जो भी सुझाव दिए गए, जिस तरह की समस्या की तरफ ध्यान दिलाया गया, मैंने सभी बातों का स्पष्ट जवाब देकर उनकी शंका का समाधान किया है। अभी भी कोई सुझाव रह गया हो तो आप हमें दीजिए। मैं आपके सुझाव को खुले मन से स्वीकार करूँगा। मैं फिर से आग्रह करना हूँ कि दिल्ली के लाखों लोग आज घर में बेरोजगार बैठे हैं। एक-एक दिन उन्हें भारी पड़ रहा है। उन गरीबों के हितों का विचार करते हुए जितना जल्द हो सके, इस पर अमल किया जाना चाहिए। भारतीय इतिहास में पहली बार कोई ऐसा कानून बनने वाला है, जिसमें करोड़ों लोगों को सीधा लाभ होनेवाला है। मेरे भाषण के बाद भी यदि आपको कोई सुझाव देना हो तो दीजिए। लेकिन मेरा आग्रह है कि आप स्थायी समिति में इसे भेजने की माँग छोड़ दीजिए। सभी एकमत से इसका समर्थन कीजिए। यही मैं अनुरोध करता हूँ।

DEPUTY SPEAKER: If you want to ask any clarification on this Bill, you can ask now.

SHRI K.H.MUNIYAPPA: I want to draw the attention of the hon. Minister towards the problem of pollution in the country. Pollution is not only caused by a particular type of vehicle. Pollution issue has to be addressed comorehensively in the whole country. Pollution is caused not only by motor vehicle, but it is caused also by rail. Aeroplanes etc. इसके बारे में थोड़ा सोचिए कि क्या करना चाहिए। यह बहुत महत्त्वपूर्ण मामला है, पूरे विश्व में प्रदूषण की बात हो रही है। इस पर थोड़ा सोचिए।

श्री नितिन गडकरी : मैं आपको विश्वास दिलाता हूँ कि आप मुझे सुझाव दीजिए। इसके लिए किसी बैठक की जरूरत नहीं पड़ेगी। मैं तुरंत अधिकारियों को बुलाकर, आपके सामने चर्चा करके सुधार करूँगा। जहाँ तक शून्य ब्याज दर की बात है तो मैं भी इस पक्ष में हूँ। लेकिन वह मेरे हाथ में नहीं है। मैंने प्रधानमंत्रीजी तथा वित्तमंत्रीजी को प्रस्ताव भेजा है। मैं कोशिश करूँगा कि इस पर सरकार सकारात्मक रुख अपनाए। जहाँ तक ड्राइविंग लाइसेंस की बात की गई है, तो यह पुराने कानून में था। आपको कमर्शियल लाइसेंस चाहिए तो पहले लर्निंग लाइसेंस लेना होगा। फिर एक साल के बाद वह लाइसेंस स्थायी होगा। इस कठिनाई को टालने के लिए हमने नियम को ठीक किया है। अब लर्निंग लाइसेंस के दौरान एसोसिएशन या फिर उत्पादक कंपनी द्वारा 10 दिन की ट्रेनिंग दी जाएगी। उसके बाद इ-रिक्शा का कमर्शियल लाइसेंस मिल जाएगा। चर्चा में प्रदूषण की बात की गई है। देश में वायु प्रदूषण और जल प्रदूषण बहुत बड़ा विषय है। प्रदूषण के मार्ग को हम एक-एक करके बंद करेंगे। तभी देश को प्रदूषण मुक्त किया जा सकेगा। इ-रिक्शा उसी दिशा में शुरुआत है। देश में बायो-फ्यूल की बसें आएँगी। इथनॉल, बायोगैस, बायो-डीजल, इ-इलेक्ट्रिक से प्रदूषण कम होगा। हमारी सरकार और मेरा विभाग, आपकी भावना से पूरी तरह सहमत है। प्रदूषण मुक्त भारत के लिए हमें जो भी कोशिश करनी पड़ेगी, जो भी फैसले लेने पड़ेंगे वह हम करेंगे। फिर से आपसे अनुरोध करना चाहता हूँ कि आप इसे मंजूर करने की कृपा करें।

□

जल-परिवहन उन्नति का मार्ग
NATIONAL WATERWAYS BILLS

THE MINISTER OF ROAD TRANSPORT AND HIGHWAYS AND MINISTER OF SHIPPING SHRI NITIN GADKARI: I beg to more.

'That the Bill further to make provision for existing national waterways and to provide for the declaration of certain inland waterways to be national waterways and also to provide for the regulation and development of the said waterways for the purpose of shipping and navigation and for matter connected therewith or incidental thereto, be taken into consideration.'

देश में परिवहन का नया रास्ता बन रहा है। सड़क के साथ जलमार्ग से यात्रा करना आसान हो जाएगा। इसमें समय और धन दोनों की बचत होगी। श्री नितिन गडकरी सड़क पर यातायात का भार कम करने के साथ लोगों के लिए सुगम यातायात का मार्ग प्रशस्त करने की दिशा में काम कर रहे हैं। उनका मत है कि जिस दिन देश की नदियों को जोड़कर जल-मार्ग का काम पूरा होगा, उस दिन भारत की तसवीर एकदम अलग होगी। इस नए विधेयक में उनकी यही सोच परिलक्षित हो रही है।

वाटरवेज का हम लोग नेविएशन के लिए उपयोग करेंगे तो देश के उद्योग, व्यवसाय, बेरोजगार, फिशरमैन और किसानों को बहुत बड़ा फायदा होगा। यह बिल मैंने आपकी अनुमति से प्रस्तुत किया है। मैं सभी

सांसदों से इसका समर्थन करने का निवेदन करूँगा। देश में 14,000 किलोमीटर का समुद्री किनारा है, जिसमें 13 तटीय राज्य और 12 मेजर पोर्ट हैं। मार्च से पहले तीन मेजर पोर्ट का काम हम शुरू करनेवाले हैं। देश में जल-परिवहन पर जितना ध्यान दिया जाना चाहिए, उतना नहीं दिया गया। चीन की प्रगति और विकास नें जल-परिवहन का बड़ा योगदान है। वहाँ 47 प्रतिशत गुड्स और यात्री ट्रैफिक पानी पर निर्भर है। नदियों के बगल में औद्योगिक कारखाने हैं। जब हम कोई माल तैयार करते हैं, तो उसमें 30 प्रतिशत लॉजिस्टिक कॉस्ट जुड़ जाती है। लेकिन चीन में यह 10-12 प्रतिशत है। इससे हम 20 प्रतिशत महँगे हो जाते हैं। इसलिए हम प्रतिस्पर्धा में पीछे रह जाते हैं। चीन में 47 प्रतिशत, कोरिया और जापान में क्रमशः 42-43 प्रतिशत और यूरोपियन देशों में जैसे इंग्लैंड, फ्रांस, जर्मनी, स्पेन में 40 प्रतिशत गुड्स और यात्री ट्रैफिक जल पर है। प्रधानमंत्रीजी द्वारा बुलाई गई उद्योगपतियों की बैठक में यह प्रसंग आया था कि मुंबई से लंदन सामान भेजना सस्ता और आसान है, लेकिन मुंबई से दिल्ली सामान भेजना महँगा और कठिन है। यह सही है कि देश के विकास के लिए मेक इन इंडिया का सपना लॉजिस्टिक कॉस्ट कम करके ही पूरा किया जा सकता है। इसलिए हम जलमार्ग कार्यक्रम को प्राथमिकता दे रहे हैं। मैं स्पष्ट करना चाहता हूँ कि जलमार्ग योजना में हम सभी राज्य सरकारों का सहयोग लेंगे। चाहे वह समुद्री हो या नहीं हो। इसको लेकर भ्रम है कि जहाँ समुद्र नहीं है, वहाँ जलमार्ग का काम कैसे होगा। मैं उस भ्रम को खत्म करता हूँ। जहाँ समुद्र नहीं है, वहाँ हम नदियों का उपयोग करेंगे। हम सभी नदियों में पूरे साल ढाई से तीन मीटर का ड्राफ्ट रखने का प्रबंधन करनेवाले हैं। अब आप पूछेंगे कि यह कैसे व्यवस्थित होगा? मैं गंगा के बारे में बताता हूँ कि इलाहाबाद से हल्दिया तक 1,620 किलोमीटर में हम काम कर रहे हैं। यह हमारा पहला पायलट प्रोजेक्ट है। गंगा में गाजीपुर से हल्दिया तक तीन मीटर ड्राफ्ट है। गाजीपुर से वाराणसी तक थोड़ा कम है। वाराणसी से इलाहाबाद थोड़ा कठिन है। इलाहाबाद से कानपुर और कठिन है। कानपुर से आगे आने में और भी कठिन है, लेकिन हमारा प्रयास है कि इस काम को पूरा करना है। इसलिए

स्वयं करें।

जहाँ फरक्का का ब्रिज है, वहाँ हम एक स्पेशल वाटर गेट बना रहे हैं। तीन अंतरराष्ट्रीय सलाहकारों ने अपनी रिपोर्ट पेश कर दी है। हमारे साथ इस समय 35 अंतरराष्ट्रीय सलाहकार काम कर रहे हैं। इसमें इंग्लैंड, नीदरलैंड तथा हालैंड के लोग हैं। देश में विशेषज्ञों की कमी है। इसलिए हमें विदेशी विशेषज्ञों का सहयोग लेना पड़ा है। इसमें सभी स्तर पर ध्यान रखा जा रहा है। सलाहकारों की रिपोर्ट का हम अध्ययन करा रहे हैं। गंगा में हम त्रिस्तरीय वाराणसी, साहिबगंज और हल्दिया में मल्टी मॉडल टर्मिनल बना रहे हैं। हम 27 वाटर पोर्ट्स बना रहे हैं। अगर किसी सांसद को लगता है कि उसके क्षेत्र में बन सकता है तो हम बीच में और बना देंगे। इसलिए निश्चिंत होकर बताइएगा। उसमें तीन मल्टी मॉडल हब्स हैं। हमने भूमि अधिग्रहण का काम पूरा कर लिया है। वाराणसी का 109 करोड़ का प्रोजेक्ट है, जिसका वर्क ऑर्डर दे दिया है। एक माह में इसका काम शुरू हो जाएगा। साहिबगंज का टेंडर भी होनेवाला है। हल्दिया और फरक्का प्रोजेक्ट पर 500 करोड़ खर्च किया जाएगा। रेल फाटक की तरह वहाँ जहाज फाटक बनेगा। यह ऑटोमेटिक होगा। जहाज के जाते ही फाटक अपने आप बंद हो जाएगा। यह तकनीक हमने यूरोपीय देशों में देखा है। फरक्का की फ्लैश हम बँगलादेश भेजते हैं। बँगलादेश का ब्रिक्स भारत आता है। इसी तरह से कोयला भी गंगा मार्ग से जाने लगेगा। इसमें गंगा किनारे जो 12 पावर प्रोजेक्ट्स हैं, उन्हें लाभ होगा। Tender for three metric ton coal movement from NTPC Plant at Barh, यह बिहार में है, इसे इश्यू किया है। इसके साथ 1,000 मीट्रिग टन कार्गो जून 2016 तक हल्दिया और वाराणसी के बीच चलने लगेगा। हमने रिवर इंफार्मेशन सिस्टम लिंक विद द सेटैलाइट तैयार किया है। हल्दिया से फरक्का ढाई मीटर की विड्थ होगी, उसमें तीन मीटर ड्रेजिंग करेंगे। ड्रेजिंग करके चैनल बनेगा और उसी चैनल में ट्रैफिक होगा। रेलवे प्लेटफॉर्म में जैसे ट्रेन आती है, उसी तरह से जहाज आएगा। हमारी परिकल्पना एयरपोर्ट, रेलवे स्टेशन की तरह वाटर पोर्ट बनाने की है। हम वाराणसी में 2,000 करोड़ का टर्मिनल शुरू कर रहे हैं। हल्दिया में 300 करोड़ का काम जनवरी 2016 में शुरू हो गया है। साहिबगंज में 350 करोड़

का टेंडर किया गया है। वर्ल्ड बैंक ने 4,200 करोड़ रुपए हमें दिए हैं। देश में तकनीक और तकनीकी सलाहकार उपलब्ध नहीं है। हम यूरोपीय देशों तथा चीन से मदद ले रहे हैं। उन्होंने हमें डिटेल्ड इंजीनियरिंग, बिजनेस डेवलपमेंट, एन्वायर्नमेंट ऐंड सोशल इंपैक्ट दिया है। हमें हर तरह की अनुमति मिल गई है। बिना अनुमति के हम कोई काम नहीं कर रहे हैं। अनुमति हम पहले इसलिए लिये, क्योंकि देश में अनुमति लेना बहुत कठिन काम है। जब मैंने एक्सप्रेस-हाईवे का काम किया था, तब मैंने एक बार कहा था कि It is easy to construct Express Highway but it is more difficult to get environment and forest clearance for Express Highway. हमने बस बातों को क्लियरेंस लिया है। सड़क पर यातायात बढ़ रहा है। दुर्घटनाएँ बढ़ रही हैं। प्रदूषण बढ़ रहा है। इससे ज्यादा आर्थिक विकास भी नहीं हो पा रहा। इसलिए हम इनलैंड वाटर वेज को प्रोत्साहित कर रहे हैं। सड़क, रेल की बजाय जलमार्ग से परिवहन खर्च बहुत कम हो जाता है। दुनिया तेजी से बदल रही है। मैंने इनलैंड वाटर वेज के चेयरमैन के साथ प्रतिनिधि मंडल को यूरोपियन कंपनी में भेजा था। वाटर पोर्ट बनेंगे तो इसका बहुत फायदा होगा। वहाँ सामान को स्टोर करने का प्रबंधन किया जाएगा, जिससे जरूरत पड़ने पर तुरंत उसे एक स्थान से दूसरे स्थान पर भेजा जा सके। सबसे ज्यादा फायदा फिशरमैन को होगा। यह जो हम तीन मीटर का ड्राफ्ट बना रहे हैं, उसमें मछली पालन का काम होगा। फिश प्रोसेसिंग की इंडस्ट्री यहाँ आएगी। उसकी पैकिंग इंडस्ट्री यहाँ आएगी। इसमें हम ऐसी फिश तैयार करेंगे, जिसे हम विश्व के मार्केट में एक्सपोर्ट कर सकते हैं। हल्दिया पोर्ट बनने के बाद उस पोर्ट से वातानुकूलित कंटेनर से हम इसे दुनिया के किसी भी देश में भेज सकेंगे। इससे अच्छी प्राइस मिलेगी। हमारे यहाँ प्रॉन्स होते हैं, वे 250 रुपए किलो या 400 रुपए किलो तक बिकते हैं। मैंने प्रॉन्स की पैकिंग शुरू कराई। उसे अंतरराष्ट्रीय विमान सेवा से सिंगापुर भेजा। वहाँ यह 6,000 डॉलर प्रति किलो बिका। अब देखिए 400 रुपए का सामान 6,000 डॉलर में गया। इससे रुपए की जगह पर हमें डॉलर मिला। पोर्ट बनने के बाद हम अपना माल सीधे बँगलादेश भेज सकेंगे। बँगलादेश के साथ हमारा समझौता हो गया है। बँगलादेश ने ब्रह्मपुत्र का रास्ता खोल

दिया है। साहिबगंज, वाराणसी, हल्दिया के रास्ते जलमार्ग बनने से निर्यात का काम तेज हो जाएगा। आप कहेंगे कि पैसा कहाँ से आएगा? मुझे यह बताते हुए खुशी हो रही है कि भारतीय इतिहास में पहली बार 12 मेजर पोर्ट, शिपिंग कॉरपोरेशन ऑफ इंडिया, ड्रेजिंग कॉरपोरेशन ऑफ इंडिया, कोचिंग शिपयार्ड इन 15 जगहों को मिलाकर 6,000 करोड़ रुपए से ज्यादा का लाभ हुआ है। मैं हर पोर्ट वाले को कह रहा हूँ कि 6,000 करोड़ निकालो और इनलैंड वाटरवेज में डालो। इक्विटी करके उन कंपनियों को देकर हम इसे विकसित करेंगे। हमारे विभाग में साढ़े चार हजार करोड़ हर साल डॉलर में आते हैं। डॉलर में पैसे आते हैं तो हमें ऋण डॉलर के हिसाब से मिलना चाहिए। बैंक हमें ऋण देने को तैयार हो गए हैं। अभी जापान का एक बैंक हमें दो प्रतिशत ब्याज पर ऋण देने को राजी है। इस तरह से तमाम तरह के उपाय करके हम धन की कमी को पूरा करेंगे। मैं तेज गति से काम करने पर विश्वास रखता हूँ। पाराद्वीप पोर्ट का मसला उठाया गया था। मैं बताना चाहूँगा कि वहाँ रेल-पोर्ट संपर्क के लिए हमने कॉरपोरेशन बनाया है। हम चार हजार करोड़ रुपए की लागत से रेलवे लाइन बनाने की योजना बना रहे हैं। जलमार्ग से महानदी कोल फील्ड से कोयला लेकर महाराष्ट्र, गुजरात ले जाने से 10 हजार करोड़ रुपए की बचत होगी। यह मैं नहीं कह रहा हूँ, बल्कि एक रिपोर्ट में यह कहा गया है। इससे पर्यटन को भी बढ़ावा मिलेगा। अभी मैं विदेश में पानी और सड़क पर चलने वाली बस में बैठा था। उसे हम लाने वाले हैं। सी-प्लेन के मामले में हम कितने पीछे हैं। मालद्वीप में 47 सी-प्लेन हैं। यह ऐसी जहाज है, जिसे आप कहीं भी उतार सकते हैं। समुद्र से उड़कर एयर स्ट्रीप पर उतरो, एयर स्ट्रीप से उड़कर नदी में और तालाब में उतारो। इस तकनीक को लाने से भारत में पर्यटन बढ़ेगा। नदी में जलस्तर बढ़ाने से सिंचाई का भी फायदा होगा। मैंने अपने विभाग से कहा है कि अब जो भी पुल बनाओ, उसे महाराष्ट्र की तरह ब्रीज-कम बंधारा के रूप में बनाओ। इससे 15-20 किलोमीटर तक जलस्तर बना रहता है। बाँध में गेट होगा, जो लाल लाइट जलने पर खुलेगा और अपने आप बंद हो जाएगा। ऐसे कैटरमेरन आए हैं, जो 120 किलोमीटर की स्पीड से चलते हैं।

अगर इस स्पीड से चलेंगे तो मेरा सपना है कि दो साल के अंदर ऐसा होगा कि ताजमहल देखने जानेवाला विदेशी सड़क की बजाय इसी से जाएगें। मेरा विश्वास है कि इसमें बहुत अच्छा काम होगा। राष्ट्रीय जलमार्ग विधेयक हर दृष्टि से उपयोगी है। मैं विश्वास दिलाता हूँ, जितने सदस्यों ने जो-जो सुझाव दिए हैं, उन सभी को मैंने लिख लिया है और जहाँ-जहाँ जैसी जरूरत होगी, वहाँ हम वाटरवेज का निर्माण करेंगे। सभी से आग्रह है कि इसे मंजूरी दें।

"That the Bill, as amended, be passed"

□

सड़क दुर्घटना रोकने उम्दा उपाय

श्री प्रतापराव जाधव (बुलढाणा) : देश में 2014 में चार लाख 90 हजार से ज्यादा सड़क दुर्घटनाएँ हुईं। दुर्घटना बढ़ने का कारण सड़कों का खराब होना, वाहनों की ओवरलोडिंग, यातायात के नियमों का पालन नहीं करना है। मैं माननीय मंत्रीजी से पूछना चाहता हूँ कि सरकार ने बढ़ती दुर्घटनाओं को रोकने के लिए क्या पहल की है एवं इनका क्या परिणाम निकला है।

केंद्रीय सड़क परिवहन एवं राजमार्ग मंत्री श्री नितिन गडकरी : यह दुर्भाग्यपूर्ण सच है कि देश में सबसे ज्यादा सड़क दुर्घटना हो रही है। इसके पीछे कई कारण हैं। चालक की लापरवाही भी है। क्योंकि अपने यहाँ ड्राइविंग लाइसेंस बनवाना बहुत सरल है। व्यवस्था सुधारने के लिए कई तरह के उपाय किए जा रहे हैं। अभी तक ड्राइविंग लाइसेंस के लिए 23 ट्रेनिंग सेंटर खोले गए हैं। हर विधानसभा क्षेत्र में एक ड्राइविंग ट्रेनिंग इंस्टीट्यूट हो ऐसा हम प्रयास करेंगे। अब लाइसेंस आसानी ने नहीं बन पाएगा। जिसे कंप्यूटर पास करेगा, उसे ही लाइसेंस मिलेगा। आप विश्वास नहीं करेंगे, लेकिन यह सच है कि हमें मिली रिपोर्ट में 13 प्रतिशत लाइसेंस बोगस बताए गए हैं। दुर्घटना रोकने का काम तभी सफल होगा, जब आप लोग और राज्य सरकार सहयोग करेगी। दुर्घटना कम करने के लिए हमने नेशनल हाईवे का विस्तार किया है। अभी तक डेढ़ लाख किमी. सड़क को नेशनल हाईवे घोषित किया जा चुका है। इसे दो लाख किमी. तक ले जाने का लक्ष्य रखा गया है। दो लेन सड़क को चार लेन किया जा रहा है। सड़क से 100 किमी. की दूरी पर ट्रामा सेंटर खोलने का प्रस्ताव भी विचाराधीन है। अभी हाईवे पर एंबुलेंस सेवा शुरू की गई है। सुप्रीम कोर्ट का फैसला आने के बाद सड़क दुर्घटना में घायल लोगों की मदद करने से लोग नहीं

हिचकेंगे। क्योंकि उन्हें किसी तरह की परेशानी नहीं आएगी। ट्रक चालकों का केबिन वातानुकूलित करने का निर्देश दिया गया है। क्योंकि कई बार दुर्घटना का कारण चालक की थकान भी होती है। ट्रक चालक दिन-रात गाड़ी चलाते हैं। उन्हें सर्वाधिक तापमान में भी ट्रक चलाना पड़ता है। देश में 726 दुर्घटना वाली सड़कों की पहचान की गई है। उसमें तकनीकी सुधार का काम किया जा रहा है।

श्री प्रतापराव जाधव (बुलढाणा) : मंत्री महोदय ने विस्तार से जवाब दिया है। मैं जानना चाहता हूँ कि सड़क दुर्घटना पर बनी कमेटी की रिपोर्ट पर अब तक क्या कार्रवाई की गई है और उससे सड़क दुर्घटना को कहाँ तक रोका जा सका है ?

श्री नितिन गडकरी : मैं खुद सड़क दुर्घटना का भुक्तभोगी हूँ। हमारे पूर्व सचिव के पुत्र की भी सड़क दुर्घटना में मौत हुई है। मैं सड़क दुर्घटना को लेकर गंभीर हूँ। बहुत सारे सरकारी चालक ऐसे हैं, जिन्हें आँख की समस्या है। मेरा मानना है कि सभी चालकों की समय-समय पर आँख की जाँच होनी चाहिए। मैं ब्राजील की अंतरराष्ट्रीय कॉन्फ्रेंस में गया था। उसमें इस रिपोर्ट की चर्चा हुई थी। वर्ल्ड बैंक ने भी इस पर अपनी चिंता व्यक्त की है। दुनिया में सड़क दुर्घटना में भारत आगे है। यह हमारे लिए बहुत अच्छा नहीं है, बल्कि दुखद विषय है। शराब पीकर गाड़ी चलाने वालों के लिए मोबाइल पर बात करते हुए वाहन चलाने वालों के लिए हमने जागरूकता अभियान शुरू किया है। सरकार के अलावा निजी क्षेत्र वाले तथा सामाजिक संगठन भी इसे कर रहे हैं। इसके अलावा सड़क सुरक्षा प्राधिकरण बनाने की दिशा में हम काम कर रहे हैं।

श्री लक्ष्मी नारायण यादव (सागर) : चालक फॉल्ट में अनुभव यह बताता है कि अधिकांश दुर्घटना चालक द्वारा शराब पीकर गाड़ी चलाने से होती है। मैं माननीय मंत्रीजी से कहना चाहता हूँ कि आप नया प्रस्तावित कानून ला रहे हैं, जिसे आपने रोड ट्रांसपोर्ट ऐंड सेफ्टी बिल में शामिल किया है। क्या आप उसमें कुछ कड़े प्रावधान करेंगे ? क्या आप जुरमाने के साथ सजा का प्रावधान भी करेंगे ? इसके साथ मैं एक बात और भी जानना चाहता हूँ। आपने अभी कहा कि पुलिस परेशान न करे, तो पुलिस राज्य का विषय है। क्या आपने इस बारे में राज्य को कोई दिशा-निर्देश जारी किया है।

श्री नितिन गडकरी : हमने सुप्रीम कोर्ट के फैसले के आधार पर राज्यों के लिए एडवाइजरी जारी की है। जब मोटर व्हीकल ऐक्ट संसद् के सामने आएगा, तब जुरमाने को लेकर क्या नीति रहेगी, यह आपके सामने आ जाएगा। एक बात जरूर है कि आम आदमी इसको लेकर गंभीर नहीं है। किसी में कानून को लेकर भय नहीं है। नए कानून में ऐसे प्रावधान किए गए हैं, जिससे दुर्घटना के प्रति लापरवाह रहनेवाले चिंता करें। जहाँ तक राज्य के अधिकार का विषय है, उसमें किसी तरह का हनन नहीं होगा। हमारा उद्देश्य व्यवस्था को ठीक करना है और लोगों की सुविधा में किसी तरह की बाधा उत्पन्न किए बगैर दुर्घटना में कमी लाना है। हम जो कानून बना रहे हैं, उसमें राज्यों को सहभागी बनाया गया है। राजस्थान के परिवहन मंत्री की अध्यक्षता में राज्यों के परिवहन मंत्रियों का समूह गठित किया गया है, जिनके सुझाव के आधार पर कानून का स्वरूप बनाया जा रहा है।

DR. M. THAMBIDURAI (KARUR): Minister has explained about so many steps that are taking to avoid accidents and also about giving facilities to treat the accident victims. But I want to bring to his notice two more issues. The drivers, while driving, are using cell phones and their attention gets diverted while they are speaking on the phone. What sort of steps are you going to take to prevent the usage of cell phones by the drivers? Secondly, as regards our roads, standards of our are equivalent to international roads and we are bringing that king of standard in construction of our roads. India is very proud of this fact, but at the same time, when we are preparing a project, you are not taking into consideration as to where there is a requirement of over- bridges and under-bridges. The contractors are constructing the roads and afterwards it comes to their knowledge that there is a necessity of having over-bridges, etc., but the Government is not in a position to instruct the existing contractors to develop the roads because another investment is required for it. Therefore, I am requesting the hon. Minister, through you Madam, that when they are preparing these kinds of roads, then they have to consult the local people to see about the requirement of under-bridges and over-bridges that are necessary to be provided there. I am saying this because nowadays people are moving very fast as we are having quality roads, which tempt the drivers to go very fast and at that time when you are not having these kinds of bridges, then accidents are going to take place. What are the steps that you are going to take to prevent cell phone usage while driving and also see about requirement of over-bridges and under-bridges on the National Highways?

श्री नितिन गडकरी : वाहन चलाते समय मोबाइल फोन के उपयोग के बारे में हम कानूनी प्रावधान कर रहे हैं। ट्रक, गाड़ी, स्कूटर चलाते समय अगर कोई मोबाइल फोन पर बात करेगा तो उसके ऊपर मुकदमा दर्ज होगा, कार्रवाई होगी। यह सही है कि सड़क दुर्घटना में चालक को ही जिम्मेदार ठहराया जाता है, लेकिन पूरी तरह से यह सच नहीं है। पुराने समय के सड़क इंजीनियरों ने भी बहुत सारी गलती की है। अध्ययन से समझ में आया कि जहाँ पुल की जरूरत थी, वहाँ नहीं बनाया गया। अंडरपास बनाने की कोशिश नहीं की गई। मैं गुड़गाँव का उदाहरण देता हूँ। वहाँ दुर्घटना का बहाना लेकर पुल निरस्त कर दिया गया। दुर्घटना बढ़ गई। मैंने अपने पैसे से पुल बनाने का आदेश दिया है। इसी तरह से दो अंडरपास गुड़गाँव में दिल्ली-जयपुर रोड पर शुरू किए गए हैं। रोड इंजीनियरिंग में सुधार लाने के लिए मैंने बैठक की थी, जिसमें अधिकारियों को कहा है कि यदि उनके डी.पी.आर. पर बने रोड में दुर्घटना हुई तो उनके खिलाफ आपराधिक मामला दर्ज होगा। यही नहीं, अधिकारियों से स्पष्ट कहा गया है कि वे जहाँ भी अंडरपास और पुल निरस्त करें, वहाँ लिखकर दें। यदि गलती से किसी की मृत्यु हुई तो उसके लिए वे जिम्मेदार ठहराए जाएँगे। हमारे यहाँ का पूरा प्रशासनिक अमला सावधानी से काम कर रहा है। दुर्घटनावाली सड़कों को ठीक करने के लिए हमने 11,000 करोड़ का प्रावधान किया है।

लोकसभा अध्यक्ष श्रीमती सुमित्रा महाजन : बहुत अच्छा उत्तर है।

PROF. SAUGATA ROY (DUM DUM): The Minister has given the break-up of accidents that have taken place in the country. Of nearly five lakh accidents that took place, it seems that two states account for the highest number of accidents-one is Tamil Nadu with 67,250 accidents; and second is the Minister's

SHRI. NITIN GADKARI

1ST BIENNIAL CONFERENCE ON
BRIDGE MANAGEMENT SYSTEM
IBMS 2016
New Delhi
LIFETIME EX
PALFINGER CRA
IBMS 2016
IBMS 2016
ORGANIZER

own Satate, Maharashtra, with 61,627 accidents. As compared to that, West Bengal seems to be much better where the number of accidents is only 12,875, that is, one-fifths of the number of accidents that occurred in Maharashtra. In case of Punjab also. it is less with 6,391 accidents. I would like to ask hon. Minister whether he has identified the causes because of which accidents are more prevalent in some States and less in others; whether he has taken a meeting with those States where the number of accidents is more and taken particular steps to improve road safety and reduce road accident deaths in those States.

श्री नितिन गडकरी : किस राज्य में कितनी सड़क दुर्घटना हुई है, इसके आँकड़े हमारे पास हैं, लेकिन राज्यों के बीच में इस तरह की तुलना करना ठीक नहीं है। जहाँ तक महाराष्ट्र और तमिलनाडु की बात है तो वहाँ संख्या ज्यादा है। जहाँ औद्योगिक विकास ज्यादा होता है, ट्रक ट्रांसपोर्ट ज्यादा होता है, वहाँ दुर्घटना की संभावना ज्यादा होती है। कुछ गलतियाँ सड़क निर्माण की भी होती हैं। हमारा सबसे पहला कर्तव्य है कि अरुणाचल प्रदेश, मेघालय, त्रिपुरा, महाराष्ट्र, आंध्र प्रदेश में सड़क दुर्घटना कम की जाए। यह आश्चर्य है कि स्वीडन जैसे देश में साल में सिर्फ एक दुर्घटना होती है, वहीं भारत में साल भर में पाँच लाख दुर्घटनाएँ हो रही हैं। इसलिए मैं सबसे अनुरोध करता हूँ कि कोई भी राज्य हो, जिला हो हम सबकी जिम्मेदारी दुर्घटना रोकने की है। मैं जब महाराष्ट्र में मंत्री था तो हमने अपघात निवारण कमेटी बनाई थी।

प्रो. सौगत राय (दम दम) : क्या उससे महाराष्ट्र में दुर्घटनाएँ कम हुईं ?

श्री नितिन गडकरी : कम हुई हैं। वहाँ एक जगह जयसिंहपुर बाईपास है। वहाँ एक समय में 150 लोग मरे थे। वहाँ एक कर्व में दिक्कत थी। उस कर्व को इंप्रूव किया गया और अब वहाँ दुर्घटना नहीं हो रही है। इसलिए मेरा सुझाव है कि आप जहाँ दुर्घटनावाली जगह देखते हैं, उसे हमारे वेबसाइट में डालिए। हमारे विभाग की वेबसाइट में राज्य सरकार, नगर-निगम सहित कोई दुर्घटना वाली जगह की फोटो डाल सकता है। राज्यों को हम सी.आर.एफ. में फंड दे रहे हैं। राज्य सरकारों से हमने कहाँ कि सी.आर.एफ. में काम करते हैं तो हम उन्हें प्राथमिकता देंगे। महाराष्ट्र में उस समय 2,500 जगह चिह्नित

किए गए थे। मुझे लगता है कि इस विषय पर हम सब जितने संवेदनशील होंगे, उतना ही सुधार होगा।

लोकसभा अध्यक्ष श्रीमती सुमित्रा महाजन : नितिन जी ने बहुत अच्छा जवाब दिया है और बहुत गंभीरता से ये काम कर रहे हैं। Thr Minister is working sincerely.

प्रश्न संख्या—102 **4 मार्च, 2016**

SHIR P. KARUNAKARAN (KASARGOD): In the answer given by the hon. Minister, the details of measures for modernization of the ports are given. While I am fully in agreement with the steps taken by the Government, I would also like to know whether there are any ports suffering due to financial crisis even for their survival, especially among these major ports.

श्री नितिन गडकरी : बारह मेजर पोर्ट में सुधार के लिए अंतरराष्ट्रीय सलाहकारों की तरफ से 104 सुझाव दिए गए थे। उनमें से 30 सुझाव पूरे हो गई हैं। उसी से हमें इस साल एक हजार करोड़ का अतिरिक्त फायदा हुआ है। देश में ऐसा पहली बार है और सभी दृष्टि से शिपिंग में लाभ बढ़ा है। केरल पोर्ट की हालत अच्छी नहीं है। हमने वहाँ के मुख्यमंत्री से क्रूड ऑयल के लिए पेट्रोल की पाइप लाइन पूरा करने के लिए कई बार कहा है, लेकिन उनके दिलचस्पी नहीं लेने से नुकसान हो रहा है। यदि वह पाइप लाइन डाल दी जाएगी, तो 70-80 करोड़ रुपए कोच्ची पोर्ट ट्रस्ट को मिलेगा। यद्यपि कोच्ची पोर्ट ट्रस्ट भी इस साल लाभ में रहा है। लेकिन फिर भी यह उससे जुड़ा प्रश्न है, यदि यह हल हो जाएगा तो उसकी वित्तीय स्थिति सुधर जाएगी।

SHRI P. KARUNAKARAN (KASARGOD): there are some issue as stated by the hon. Minister. But at the same time, I think Cochin Port is facing a very serious financial crisis. It is reported that many of the functions, including the operation of the containers, which was done by Cochin Port earlier, have now been transferred to Vallarpadam International Terminal which was inaugurated and which began its function for the last few years. At the same tome, Cochin Port has to undertake many functions, including dredging with its own financial capacity. They are getting only 30 per cent for this purpose. It is reported from them that it is insufficient to meet the expenses. They find it even difficult to pay wages to the employees and workers. I want to know whether these facts are noticed by the Government.I fully agree with regards to the other issues like pipeline and other things. But at the same time, some of the works, which were done earlier by the Cochin Port, have already been transferred. At the same time, They have to undertake many works, including dredging which is very expensive but the amount they are getting is very meager. It is only 30 per cent. So, in this connection, I want to know whether it is noticed by the Government. Also, in this connection, will the Government give more financial assistance to Cochin Port, especially on this issue?

SHRI NITIN GADKARI: The important thing is that pension liability is very high. That is one of the resons that Port is not economically viable. Because of the alternative port, Vallarpadam, again there are lots of problems in the financial viability. But still from the Government side, we always support Cochin Port Trust. We are giving them finance by arranging from the profit of other ports. Sometimes,we are giving finance from the Government budget. But it will not be appropriate for long time. Now, this time we have taken a decision to give land to Cochin Shipyard in the Cochin port Trust by which the rent of the land will be going to the Cochin Port Trust. We are always serious about how we can increase the profitability of this Port Trust but we need cooperation from the State Government because all the refineries are there. At the same time, we try to modernize this port and we will try to increase its profit. But, basically, the Government has clearly given instruction to all the Chairmen that they shouls have their own resources and they have to manage on their own. At the last, we are now helping the Cochin Port Trust but I am sorry to say that it will not be for the future. It is time for the Cochin Port Trust to improve its financial

position to create more business and solve its own problems.

SHRI THOTA NARASIMHAM (KAKINADA): I want know this from the hon. Minister. What is the status of induction of new technology, modernization and upgradation of Vizag Port which is the major port ant the only natural harbor in the Bay of Bengal? Will the Govenrment also induct new technology and modernize Kakinada, which is my constituency, and machilipatinam Inermediate Seaports of Andhra Pradesh to upgrade them as major ports? What is the status of the newly constructed Dugarajapatnam Seaport in Nellore District? When will it come into operation?

SHRI NITIN GADKARI: The two projects mentioned, which are the minor ports, are under the State Government. Regarding the Paradip Port, we have a lot of new plans for modernization of that port···

PROF. SAUGATA ROY (DUM DUM): Hon. Member has asked about the Vizag Port.

SHRI NITIN GADKARI: IN respect of development of Vizag Port, we have already taken many decisions. The rail connectivity is a major problem there. For connectivity between Vizag and Raipur,we need enhancement of capacity in respect of railways. We have already established an Indian Port Rail Corporation and we have decided to give works of Rs. 11,000 crore to this corporation by which we are developing the Vizag Port railway line. The most important thing is dredging which is required to increase the draft. We have received 104 suggestions from the international consultants. There are also some suggestions in respect of Vizad Port and all of them are in implementation mode. We have a total of Rs. 1,20,000 crore projects- I do not have exact information about this particular port-related. I do not have exact information about this particular port-related with mechanization, modernization and computerization. We are also working on using international scanners for scanning of containers by which we can definitely stop corruption and other lots of things. By this we can improve the systems. A transparent system will be there. This is one of the important ports. We have also some plans for making joint ventyres with some other ports to increase the capacity of the port. Kakinada is under the Government of Andhra Pradesh.

Regarding the other two ports there is a lot of demand from your State. In respect of one port, there is a CBI inquiry and a lot of problems are going on. Regarding the other port. We are discussing it with the Satate Government. The problem of land acquisition is a big problem. That is why we need to have some coat of land acquisition to be borne by the State Government. But the Chief Minister of the state is not ready to bear its cost, which is a crucial issue. But we are discussing it and we are very much committed for the progress and development in your Satate. We will try to find out the way out for that.

SHRI SUDIP BANDYOPADHAYAY (KOLKATA UTTAR): The hon. Minister is greatly praised from every corner. But I have a specific question. The private owners of the ports are your competitors. Representatives of the private owners are being inducted in the Port Trust Advisory Boards but local MPs are not. I am a Member of parliament from Kolkata City and the whole of the port area falls under the jurisdiction of my constituency. But I find that the representatives of the private owners are taken inside the policy framing bodies of the Board. My question is if your competitors are inducted in the Government board where decisions are taken, is it not damaging the inrerests of the Government ports? Is it not an attempt to compromise with the private owners? Many people say this by naming some industrialists.

SHRI NITIN GADKARI: This is the first year where our ports have increased their profits and efficiency in comparison with the private ports. We have created a competition with the private ports and we have proved better than the private ports. It is for the first time that our performance has enhanced and it is 1.4 per cent more than the private ports. In respect of appointment of trustees in the port trust, an Act is already there. If you sent me any specific proposal or problem, I will look into it. It is because I do not have any problem where the private port trust member is appointed in the trust.

SHRI SUDIP BANDYOPADHYAY (KOLKATA UTTAR): I am sure that you are aware of the name of the port.

SHRI NITIN GADKARI: I am sorry that I do not remember it. You give it to me. If there is a conflict of interest and the private port trust is going to manage and creating a problem for our port trust. We will definitely take your suggestion and act on it. You please meet me and give that information. I am not remembering that··· Sir, this is an important thing for you. That is the first time··· You always link up the name of Adani with the Government. It is for the first time that in kandla, where there is Adani's Mudra port. The Kandla port increased its efficiency by 1.44 per cent while Adani's port went into minus. We have increased our business and they are in the minus. Adani always says that it is a problem for him that in competition, we are getting more business, we have got more turnover and more profit and are comparing with the Adani's port with a 1.4 per cent increase.

SHRI C. GOPALAKRISHNAN (NILGIRIS): First of all,

I am praying living God, our Amma. I raise the supplementary question in this august House. It is with regards to reducing India's dependence on Colombo and Singapore ports. For handling cargo traffic, this Government is planning to build a mega transshipment hub at a coat of over Rs. 5,000 crore. The transshipment hub is expected to come up near Tuticorin in Tamil Nadu around the international trading route. Currently, Colombo and Singapore ports handle most of the container movement as Indian ports cannot handle larger vessels. India has also been wary of China's growing influence at Colombo Port. We need to improve turnaround time in Indian ports. Selection ofTuticorin is a sensible move due to prevailing peace in Tamil Nadu under our hon. Leader Amma's rule.I ask the Minister through you Madam, whether the Government has fixed any deadline to compleat this project and whether the Government will consider for modular investment and modernize port infrastructure in the region and will also take setps to speed up rail and highway connectivity to the ports.

SHIR NITIN GADKARI: The Tuticorin is one of the profit-making prots and one of the important ports in the country. It is not under the Trust Act also. This port is continuously increasing its profits. Its business is also increasing. At the same time, for transshipment, probably his question was about transshipment relating to Colombo Port. We have taken a dicision to make a new port at Colachel in Tamil Nadu having a draft of 18.5 metres by which whatever containers are going to Colomho Port, in place of that, our transshipment port will definitely get a good business. We are taking up a lot of schemes for modernization and mechanization of Tuticorin Port. This is in profit and doing well.

SPEAKER: Shri Adhi Ranjan Choudhury, you ask a short question now.

श्री अधीर रंजन चौधरी (बहरामपुर) : मैं मानता हूँ कि मंत्रीजी बहुत काम करने की कोशिश कर रहे हैं। मैं उन्हें कहना चाहता हूँ कि आप थोड़ा पूर्वी भारत की तरफ जहाँ कोलकाता-हल्दिया पोर्ट ट्रस्ट है, उस तरफ भी ध्यान दीजिए। आप जिन 12 मेजर पोर्ट की बात कर रहे हैं, उनमें कोलकाता और हल्दिया भी आते हैं। आपने आधुनिकीकरण की बात कही, लेकिन आप देखेंगे कि आधुनिकीकरण के कारण हल्दिया की क्या हालत है। हल्दिया में ड्राप दिन-प्रतिदिन घटता जा रहा है। बड़े शिप हल्दिया में नहीं आते हैं। इसलिए ईस्टर्न इंडिया की तरफ पूरा ध्यान देना चाहिए। आधुनिकीकरण के चलते कोलकाता और हल्दिया की वर्तमान स्थिति क्या है ?

श्री नितिन गडकरी : हल्दिया पोर्ट में ड्रिजिंग पर हर साल 450 करोड़ रुपए खर्च हो रहे थे। अब वह चैनल बंद कर दिया गया है। नए चैनल का काम शुरू किया गया है, वह काम केवल 200 करोड़ रुपए में होगा। इससे 250 करोड़ रुपए की बचत होगी। हल्दिया पोर्ट की तरफ हमारा ध्यान है। हमने अंतरराष्ट्रीय सलाहकार और मद्रास विश्वविद्यालय के सिविल इंजीनियरिंग विभाग तथा आई.आई.टी. के इंचार्ज रहे व्यक्ति की अध्यक्षता में एक कमेटी बनाई थी। हम पश्चिम बंगाल सरकार के सहयोग से नए पोर्ट का काम कर रहे हैं। प्रधानमंत्रीजी से बताया कि हम सागर में 14.5 मीटर का नया पोर्ट बना रहे हैं और 2,000 करोड़ की लागत से रेल रोड कम ओवरब्रिज बनाने की योजना भी मंजूर किए हैं। हल्दिया और कोलकाता को हम नॉर्थ-ईस्ट की ब्रह्मपुत्र नदी

से जोड़ने वाले हैं। चितगाँव बंडर को विकसित करके हम यह कोशिश कर रहे हैं कि नॉर्थ-ईस्ट का पूरा ट्रैफिक हल्दिया और कोलकाता से लेकर जाएँ। ब्रह्मपुत्र पर 15 वाटर पोर्ट्स बनाने के लिए हम लोगों ने असम सरकार को पैसे दिए हैं। कोलकाता में हम लोग मल्टी मॉडल हब बना रहे हैं। कोलकाता की तरफ पूरा ध्यान है और बंगाल की सरकार का हम लोगों को अच्छा सहयोग है। हम दोनों मिलकर यह काम ठीक से कर रहे हैं।

प्रश्न संख्या—103

श्री अरविंग सावंत (मुंबई दक्षिण) : श्री नितिनजी ने अच्छा जवाब दिया है। जैसा अभी कहा गया है कि इनकी बहुत प्रशंसा होती है। He is one of the most dynamic Ministers who works hard and gives results. मुंबई शहर एक समय टेक्सटाइल मिल्स की वजह से काफी अहम था। मैं इतनी अपेक्षा करता हूँ कि मुंबई पोर्ट ट्रस्ट की अहमियत दोबारा आनी चाहिए। वहाँ अतिक्रमण बहुत है। राज्य सरकार ने साल 2000 के पहले जितनी भी झुग्गियाँ थीं, उनको नियमित किया है। लेकिन मुंबई पोर्ट ट्रस्ट का कहना है कि यह कानून उस पर लागू नहीं होता है। मैं जानना चाहता हूँ कि पुनर्वास के लिए आप क्या कर रहे हैं? क्या कोचीन पोर्ट की तरह मुंबई पोर्ट भी ड्रेजिंग करके बीस मीटर का ड्राफ्य बनाएगा, जिससे वहाँ काम करनेवालों का काम सुरक्षित रहे।

श्री नितिन गडकरी : मुंबई पोर्ट ट्रस्ट के पास 1998.03 एकड़ जमीन है। मैं भी महाराष्ट्र में नेता प्रतिपक्ष रहा हूँ। मैं, मुंबई में ही रहता था, इसलिए मेरा मुंबई से बहुत पुराना संबंध है। मुंबई पोर्ट ट्रस्ट के डिमेलो रोड से पोर्ट ट्रस्ट में बड़े-बड़े ट्रक जाया करते थे, जिससे प्रदूषण होता था। प्रदूषण मुंबई की बड़ी समस्या है। इसलिए हमने पहला काम किया है कि जो तरल कार्गो आएगा, उसको हमने अनुमति दी है। जो प्रदूषण करनेवाला कार्गो है, उसे मुंबई पोर्ट पर बंद किया गया है। एक दिन सुबह पाँच बजे मैं अपनी गाड़ी से पूरा पोर्ट घूमा। बहुत खराब स्थिति है। यह सही है कि महाराष्ट्र सरकार की एस.आर.ए. पॉलिसी है, लेकिन केंद्र सरकार की उसको मान्यता नहीं है। आप वहाँ से सम्मानित सदस्य हैं, इसलिए मैं आपको बताना चाहता हूँ कि हमने कैबिनेट के लिए प्रस्ताव तैयार करने के निर्देश दिए हैं। महाराष्ट्र सरकार के नियमों के अनुसार जिन जगहों पर

अतिक्रमण हुआ है, वहाँ के विस्थापितों को मकान देने का प्रावधान हम लाना चाहते हैं। जिन लोगों ने यहाँ जमीन ली है, उसमें ताज होटल से लेकर रिलायंस कंपनी तक सब हमारे किराएदार हैं। पूरा बेलाड स्टेट हमारा है। ये पुराने लोग पुराना किराया दे रहे हैं। अब मैं किसी की लीज को नहीं बढ़ाऊँगा ताकि सरकार की आमदनी बढ़ सके। इस पोर्ट ट्रस्ट के लिए रानी जाधव कमेटी बनाई गई थी। वह मुंबई पोर्ट ट्रस्ट की पूर्व चेयरमैन थीं, उन्होंने अपनी रिपोर्ट दी थी। इस रिपोर्ट पर हम नीति बनाकर कैबिनेट की मंजूरी के लिए भेजेंगे। इसमें एक बात छूट गई है, जिसके बारे में आप बार-बार कहते हैं, सेवानिवृत्त कर्मचारियों के लिए भी हाउसिंग स्कीम बनाकर ला रहे हैं। हम लोग लो प्रायोरिटी वाली लैंड का उपयोग करके और बी.डी.डी. चाल के बारे में भी रास्ता निकालेंगे, जिससे गरीब लोगों को भारत सरकार के नियमों के अधीन मकान दे सकें।

श्री अरविंद सावंत (मुंबई दक्षिण) : अभी बी.डी.डी. चाल की बात आई तो मेरा सवाल उसी से संबंधित है। आपने कहा कि वहाँ ताज होटल से लेकर बाकी सब लोग किराएदार हैं। अतिक्रमण की बात अलग है, लेकिन ये अधिकृत लोग हैं, जो लीज पर हैं। उसमें महाराष्ट्र की राज्य सरकार ने बी.डी.डी. चाल का पुनर्वास करने की घोषणा की है। उसमें वर्ली, नायगाँव और नामजोशी मार्ग की बी.डी.डी. चाल है, लेकिन शिवडी की बी.डी.डी. चाल उसमें नहीं है। इनका पुनर्वास उसी जगह पर करने की मान्यता भी राज्य सरकार ने दी है, लेकिन अब शिवडी बी.डी.डी. चाल रह गई है। शिवडी बी.डी.डी. चाल का पुनर्वास वहाँ पर ही करना चाहिए, परंतु उसके बारे में आपकी अनुमति चाहिए, क्या आप उसकी अनुमति देंगे ? दूसरी बार आपने कहा कि ये सारे किराएदार हैं, उसमें कई इमारतें खस्ताहाल हैं। उन्हें ठीक नहीं किया गया है। कभी भी गिर सकती हैं। उनके बारे में हमारी सरकार या बी.पी.टी. कौन सी नीति अपनाएगा ?

श्री नितिन गडकरी : जो केंद्र सरकार के अधिकार क्षेत्र वाली जमीन है, यानी जो पोर्ट ट्रस्ट की जमीन है, उसमें कैबिनेट की मंजूरी मिलने के बाद महाराष्ट्र सरकार की नीति के अनुसार कार्य करेंगे। परंतु जहाँ बी.डी.डी. चाल है, वहीं उन्हें घर मिलेंगे, यह बात मैं आज आपको नहीं बता सकता। मैं आपको यह बताना चाहता हूँ कि महाराष्ट्र सरकार के नियमों के अनुसार बी.डी.डी. चाल के लोगों की अगर 220 स्क्वायर फीट की झोंपड़ी है, उन्हें घर मिलेगा। महाराष्ट्र

समय के साथ हो रहा बदला

SHRI M. MURLI MOHAN (RAJAJMUNDRY): As per the reply furnished by the Ministry of Shipping, the Government of India have proposed to set up two new Major Ports, one is at Sagar. West Bengal and the other at Dugarajapoatnam, Andhra Pradesh. These ports will be developed in two phases. The estimated coat of setting up the new Major Port at Dugarajapoatnam is Rs. 17,615 crore.In the reply, the Minister has also stated that Visakhapatnam Port has been instructed to prepare a revised feasibility report for the Dugarajapoatnam Port, including the land acquisition and also associated costs. Through you I would like to ask a specific question to the hon. Minister of Shipping, whether any timeline has been given to the Visakhapatnam Port to submit their feasibility report for Dugarajapoatnam Major Port. What are the other main reasons for delay in developing the Dugarajapoatnam Major Port? How is the Government going to ensure that the assurances are fulfilled during the Andhra Pradesh reorganization?

श्री नितिन गडकरी : विशाखापट्टनम पोर्ट के लिए होनेवाले भूमि अधिग्रहण का खर्च पहले आंध्र प्रदेश सरकार को उठाना था। समझौते के तहत भी राज्य सरकार ने इसे मान्य किया था। बाद में राज्य सरकार की तरफ से असमर्थता जता दी गई, जो बेयर करनेवाली थी। उसका जो एग्रीमेंट हुआ था, आंध्र प्रदेश सरकार ने उसमें भी इस प्रकार से मान्य किया था। परंतु उन्होंने असमर्थता जताई है। रेलवे से भी काफी दिक्कतें हैं, इसलिए BHAVANAPADU जो छोटा पोर्ट है, उसको आंध्र प्रदेश और केंद्र सरकार

को मिलकर विकसिक करने का प्रस्ताव दिया गया है। हमारी यह भी कोशिश है कि यदि आंध्र प्रदेश सरकार भूमि अधिग्रहण का खर्च नहीं उठा पाती तो पोर्ट विकास के लिए हम दूसरे पोर्ट का पैसा लेकर उसमें लगाएँगे और उस परियोजना को पूरा करेंगे। जहाँ सागर पोर्ट पश्चिम बंगाल की बात की गई है, उसमें केंद्र और राज्य सरकार के बीच समझौता हुआ है, जिसमें नदी के अंदर से बड़ा टनल, ब्रिज, रेलवे ब्रिज के बीच समायोजन किया जाना है। इसके लिए सलाहकार की नियुक्ति हो गई है। इस तरह 12 हजार करोड़ का निवेश बंगाल में होगा। यह पोर्ट निश्चित रूप से नॉर्थ-ईस्ट के लिए भी उपयोगी होगा। यह रिपोर्ट तीन महीने के अंदर आएगी और बाद में सरकार उसके ऊपर कार्रवाई करेगी।

SHRI.MURLI MOHAN (RAJAHMUNDRY): I would like to draw the attention of the hon. Minister of Shipping to another important matter regarding frequent erosion of R.K.Beach at isakhapatnam, Andhra Pradesh. Although Visakhapatnam is the only cosmopolitan city in Andhra Pradesh and the Government has plans to transform it into a leading industry hub of the country, yet the frequent erosion of R.K.Beach is creating panic among tourists and investors which warrants immediate remedial measures for long-term. I would like to know whether the Minister is aware of the fact that R.K.Beach of Visakhapatnam, Andhra Pradesh, has severe crosion problem, whether the Government has initiated any measures to stem the erosion of the entire stretch of 30 kilometers long Visakhapatnam-Bheemili Beach Road and whether the Ministry has got any roadmap or constituted any Committee to study the issue.

श्री नितिन गडकरी : अभी हमें वन एवं पर्यावरण की मंजूरी नहीं मिली है। मैं इसके लिए प्रयास कर रहा हूँ। आपका सहयोग मिलेगा तो अच्छा होगा। बिना अनुमति के हम काम शुरू नहीं कर सकते। जिस दिन अनुमति मिल जाएगी, तत्काल हम काम आरंभ कर देंगे।

श्री निशिकांत दुबे (गोड्डा) : इस सरकार के सड़क परिवहन एवं

राजमार्ग, जल परिवहन मंत्री और प्रधानमंत्री दोनों धन्यवाद के पात्र हैं। इस बजट में उन्होंने 12 एस.पी.वी. बनाने की घोषणा की है। दुनिया में जो भी पोर्ट वाले देश हैं, वह पोर्ट को ज्यादा विकसित कर रहे हैं। मंत्रीजी से मैं कहना चाहता हूँ कि माइनर और मेजर पोर्ट की जो डेफिनिशन है, वह वर्ष 1908 के रेग्युलेशन से माइनर पोर्ट और वर्ष 1963 के ऐक्ट से मेजरपोर्ट की है। उसमें एक उदाहरण गुजरात का सिक्का पोर्ट है, वह Single Buoy Moorings एस.पी.एम. है। 12 मेजर पोर्ट देश में जितना हैंडल करते हैं, उसका एक तिहाई केवल सिक्का पोर्ट करता है, जो एक माइनर पोर्ट है। कोलकाता के मेजर पोर्ट से ज्यादा बढ़िया हैंडलिंग हल्दिया का सेटेलाइट पोर्ट करता है।

PROF. SAUGATA ROY(DUM DUM): Haldia is part of Kolkata Port···

SHRI NISHIKANT DUBEY (GODDA): That is a Satellite Port of Kolkata Port. I said that is a Satallite Port. मेरा यह कहना है कि माइनर पोर्ट और मेजर पोर्ट की जो डेफिनेशन है, उसको बदलने के लिए, दुनिया में तीन तरह के पोर्ट हैं, सर्विस पोर्ट, टूल पोर्ट और लैंडलोर्ड पोर्ट। क्या सरकार इस तरह का कोई विचार करती है, जिससे इस तरह का जो भ्रम है, उसका समवर्ती सूची में और सेंट्रल लिस्ट में निदान हो पाए।

श्री नितिन गडकरी : यह बात सही है कि हमारे यहाँ पुराना कानून है। 1800 ईस्वी के बने कानून भी अभी चल रहे हैं। जितनी तेजी से दुनिया बदली है, देश भी उसी गति से बदला है, प्रोफेशन बदला है, उसी के साथ इन कानूनों को बदलने की आवश्यकता है।

'Major port' is defined under sub-section 8 of Section 3 of the Indian Ports Act, 1908. Any 'port' means the Central Government by notification in the Official Gazatte declare or may under law of the time being in force are declared to be a major port. Port established under the State Government rules is called as non-major port.

हमने डायरेक्टर ऑफ शिपिंग को यह जिम्मेदारी दी है और सेक्टर प्रमुख

ने अनुभवी लोगों की कमेटी बनाई है। 18वीं सदी के सभी पुराने कानून को सुधार कर नए आधुनिक पोर्ट बनाना हमारा उदेश्य है। पोर्ट के कारोबार के संबंध में सम्मानित सदस्य की बात बिल्कुल सही है। इसमें बहुत सारी बातें पुरानी हैं। उनको बदलने की बहुत जरूरत है। तीन माह के अंदर, अगले सत्र में यह सब कानून बदलकर नया बिल हम सदन के सामने लाएँगे।

PROF. K.V.THOMS (ERNAKULAM): There is a need carrying out development of two major ports in kerala, which Shri Gadkari know it personally. First is theVizhinjam port, on which tender process is almost at the fag end but a clarity has to be given on the issue of cabotage. Second is regarding the Cochin port which is in my constituency, which is the national port in the country but burden on the Cochin port. Just like the assistance to Cochin port? Can a new Dredger be provided from the Government of India for the dredging operations in Cochin?

श्री नितिन गडकरी : इस पोर्ट के बारे में केरल के मुख्यमंत्री मुझसे, प्रधानमंत्री और वित्तमंत्री से मिले थे। इस पोर्ट के लिए उनको वायबिल्टी गैप के रूप में केंद्र सरकार से कु छ फंड चाहिए। वित्तमंत्री ने इसकी स्वीकृति दे दी है। सम्मानित सदस्य कोचीन से हैं, मैं जब कोचीन गया था तो कोचीन पोर्ट में पेंशन भी देनी पड़ती है, वह बहुत घाटे का काम है। मैं आपसे नम्रतापूर्वक कहूँगा कि ऐसे ही चलता रहेगा तो यह पोर्ट चलाना मुश्किल होगा। कोचीन पोर्ट में केंद्रीय पेट्रोलियम मंत्रालय ने बड़ी रिफाइनरी शुरू की है। दो राज्यों से उसकी पाइप लाइन जाती है। के रल सरकार से प्रधानमंत्रीजी और मैंने भी आग्रह किया है कि पाइप लाइन पड़ने से हमारे पोर्ट की आमदनी बढ़ेगी। उससे घाटा कम हो जाएगा। वहाँ हजारों करोड़ की बेकार संपत्ति पड़ी हुई है। केरल सरकार अगर वहाँ भूमि अधिग्रहण पर थोड़ा सा ध्यान देगी तो कोचीन पोर्ट की सारी समस्या हल हो जाएगी। केरल सरकार से आप कहिए कि राष्ट्रीय हानि हो रही है। दूसरी बात आपने कैबोटेज के बारे में जो कहा है, यह ऐसा विषय है कि इंडियन फ्लैगशिप के जो शिप हैं, उनका विरोध है। जब फॉरेन फ्लैगशिप के लोग आते हैं

तो इंटरनल कार्गो के लिए उनको अनुमति देने के बारे में कैबोटेज कहता है। इसके बारे में काफी चर्चा हुई है। दोनों प्रकार के लोग मुझसे मिले हैं। प्रधानमंत्री कार्यालय में भी इसकी चर्चा हुई है। मैं आपसे सिर्फ इतना ही कहना चाहूँगा कि the matter is under consideration. हम लोग इस पर सोचकर जल्द-से-जल्द कोई निर्णय कर लेंगे।

SHRI BAIJAYANT JAY PANDA (KDENDRAPARA): I think the hon. Minister for his detailed response about various ports but let me point out that the process is very slow as aginst the requirement of nearly Rs. 6 crore and Rs. 11 crore. In the other statement about the financial condition of various ports, you will see that some of the ports are actually doing badly but some are doing quite well.My question to the hon. Minister is this. Is it true that there have been some reports that Paradip port in odisha, which is adjacent to my constituency, kendrapara, stating that Paradip port is sitting on cash reserves of nearly Rs. 2,000 crore? If the Ministry were to give it more autonomy, it could expand much faster, rather than slowness of some of the new projects. There are many things it can do; it can add extra berths; it can add bridge across the Mahanadi to my constituency, which would add more traffic.Will the hon. Minister confirm if paradip port and some of the other Ports are sitting on cash reserves and can they be given more autonomy to speedily expand?

श्री नितिन गडकरी : देश के बारह बड़े पोर्ट वर्ष 2011-12 में 1.7 प्रतिशत घाटे में थे। अभी मुझे बताते हुए खुशी हो रही है कि सात मेजर पोर्ट्स प्रॉफिट में आएँगे और इस साल करीब 130 करोड़ रुपए का फायदा होगा। पिछले साल जो 282 करोड़ रुपए का नुकसान हुआ था, वह इस बार कम होगा। परंतु मैं सम्माननीय सदस्यों से इसमें सहयोग चाहता हूँ। जैसे ऐक्ट की बात हुई है तो ये पोर्ट ट्रस्ट ऐक्ट के अंतर्गत चलते हैं। दिल्ली के ट्रैफिक जाम की तरह पाराद्वीप पोर्ट की स्थिति बहुत खराब है। पंद्रह-पंद्रह दिन तक शिप खाली नहीं होते हैं। इससे कॉस्ट बढ़ रही है। नए विकास के लिए ऐक्ट में बदलाव जरूरी है। विदेशी ऋण भी लेना होगा। लेकिन इसमें

यह भी देखा जाएगा कि उसका ब्याज दर कम हो। अगर आप सभी लोग सहयोग करेंगे तो पोर्ट कानून में सुधार करते हुए हम निवेश बढ़ा सकते हैं। अभी एग्जीस्टिंग ट्रस्ट ऐक्ट में दस कंपलसंस हैं। अभी कई तरह की दिक्कतें हैं, हम खर्च नहीं कर पाते, विस्तार नहीं कर पाते, आधुनिकीकरण नहीं कर पाते, डॉलर में लोन नहीं ले पाते। देश के पोर्ट में बहुत सारी संभावनाएँ हैं। यहाँ अच्छा मुनाफा कमाया जा सकता है। हमने सेटेलाइट पोर्ट विकास के बारे में भी सोचा है। हमने महानदी पर इनलैंड वाटर वेज के विकास का कार्यक्रम भी तैयार किया है। उसकी डी.पी.आर. बनाने की शुरुआत की है। निश्चित रूप से इस पोर्ट के पैसे को उसी के विकास में इस्तेमाल किया जा सकता है। अगर नियम बदल जाएगा, तो आप जो अपेक्षा व्यक्त कर रहे हैं, वह निश्चित रूप से पूरी होगी। इस कानूनी बदलाव में आप सब लोगों को मुझे सहयोग करना होगा, तभी यह हो सकता है।

SHRI KALYAN BANERJEE (SREERAMPUR): The central Government and the Satate Government for the purpose of setting up of the major port at Sagar through PPP mode. The hon. Minister and our hon. Chief minister have discussed the issue very positively and ultimately an agreement has been signed which has come. From the State's side, all documents have been cleared. Everything is cleared at least three months back.Now the progress is very slow. There are environment problems. I understand that tribal set up is there; there is also a problems coming in junction etc. My question is this. When could the work commence effectively at Sagar Project itself?

श्री नितिन गडकरी : पश्चिम बंगाल की मुख्यमंत्री ममता बनर्जी ने सागर पोर्ट के लिए बहुत सहयोग किया है। राज्य सरकार के साथ समझौता हो गया है। सारी समस्याएँ हल हो गई हैं। लोगों के बीच लगातार बातचीत हो रही है। वे इस पोर्ट को लेकर खुद गंभीर हैं। हमने नॉर्थ-ईस्ट के लिए नेशनल हाई-वे इन्फ्रास्ट्रक्चर डेवलपमेंट कॉरपोरेशन खोला है, जो फास्ट काम करेगा। मैंने बेल्जियम में देखा कि वहाँ पुश-बैक टर्नल सिस्टम है। वहाँ भूमिगत सुरंग के साथ रेलवे का काम है। हम उसी तरह की व्यवस्था यहाँ करना चाहते हैं। इसके लिए हमने ग्लोवल टेंडर किया है। टेंडर का निर्णय होते ही हम तुरंत इस काम को शुरू करेंगे। हमें वन-पर्यावरण मंजूरी के लिए राज्य सरकार के सहयोग की आवश्यकता पड़ेगी। इसमें केंद्र-राज्य दोनों के संबंध हैं। यदि हम समयबद्ध तरीके से काम करेंगे तो मैं वादा करता हूँ कि चार माह में काम प्रारंभ हो जाएगा। इसमें साढ़े तीन हजार करोड़ रुपए हम केवल टर्नल पर खर्च कर रहे हैं। पैसे की कोई दिक्कत नहीं है। केवल पर्यावरण की मंजूरी जल्द मिलनी चाहिए।

SHRI VARAPRASAD RAO VELAGAPALLI (TIRUPATI): I am fromTirupati Parliament Constituencey where the first question about the Dugarajapatnam Port false under me. I could not appreciate the hon. Minister who spoke in Hindi.

SPEAKER: Translation is also there. You should not say anything like that.

SHRI VARAPRASAD RAO VELAGAPALLI (TRUPATI): I am sorry. The memers should appreciate that the coherence is not there immediately even if I switch on the headphone. It in not the question of finding fault with anybody. The Dugarajapatnam Port is a part of the Andhra

Pradesh Reorganization Act. It was announced by the previous Government and later on also by the successive. Government tha the Dugarajapatnam Port would soon come into existence. The feasibility report has been prepared by the Vizag Port Trust. Similarly, the environment clearance has also been given to that. SHAR. The rocket launching station located near to it, has also given clearance with its limited conditions. So what the hon. Minister is saying now is that the financial position is not good. It froms a part of the Andhra Pradesh Reorganization Act and the Government has agreed to do that. It is an extremely backward area and there is no other industry except to that. The whole crea will get developed due to this including the four constituencies. I request the hon. Minister not to postone that project just for the sake of a small amount of money.

SHRI NITIN GADKARI: As far as this port is concerned, an agreement has already been signed between the State Government and the central Government that whatever may be the coat of land acquisition that will be borne by the Andhra Pradesh Government. It is written an the Agreement. This decision was not taken by the new Government. The agreement has been signed between the previous Government and the Andhra Pradesh Government. Now the problem is that the Andhra Pradesh Government is not ready to give that much money that is required for the land acquisition. This is a fact. Now, two things are there. This subject is not a straight subject. I am sorry to say this. This subject is a very political subject. The hon. Member of Parliament belongs to Andhra Pradesh. He is speaking in one terminology with me and in other terminology outside the Parliament. As far as our Governmet is concerned, we are very transparent and clear. We are committed for this port. But the problem is that a lot of politice is going on in Andhra Pradesh on this subject. If the hon. Member assures me that his State Government is ready to take the responsibility of land acquisition, we do not have any problem. We will immediately take the decision to

start the work.Secondly, if the State Government is not able to give me the coat of the land acquisition positively, I will decide to take the contribution of Rs. 25 or Rs. 30 crore from every port. There are 12 major ports. Which are in profit. We will treat this money as equty of other ports in this project. I will give that money for land acquisition. Even after bearing such a huge cost and, still we are ready with an open mind and with transparency to construct this port. But I need cooperation from the Government of Andhra Pradesh. I am sorry to say that a lot of politice is going on which makes is very difficult for us to execute this project.

□

Maritime University provides quality training to sea-farers

Title; The Minister of Road Transport and Highway and Minister of Shipping laid a statement regarding Central Sector Scheme of Financial Assistance for On-Board Ship Training for Indian Marchant Navy Cadets/Trainees.

THE MISITER OF ROAD TRANSPORT AND HIGHWAYS AND MINISTER OF SHIPPING SHRI NITIN GADKARI: India has a strong reputation for providing human ressure for the globle shipping sector. Out of a total number of 12 lakh se-farers globally, India's share is 7 per cent, meaning about 84,000 Indians are working as sea- farers. They not only enhance the image of India but also earn precious foreign exchange for the country. The effort of the Government is to increase the share of India and to help Indian citizens to acquire skills for gaining employment all over the world. The Indian Maritime University provides quality training to sea-farers, in association with 40 Maritime Training Institutes. Although there is enough capacity for classroom training for sea-farers, the efforts to train sea-farers have hit a road block in terms of the number of on-board training slots on ships. When I came to know of this I initiated discussions to find out a solution. Today I am happy to announce that we have found a way forward.A scheme has been formulated to provide financial support to cadets who have completed their classroom training between 2010-2012, presented to the House on 21st April, 2015.'

केंद्रीय सड़क परिवहन, राजमार्ग मंत्री तथा पोत परिवन मंत्री श्री नितिन गडकरी : मुझे इस बात का अफसोस है कि जो मैंने नहीं कहा, उसे मुद्दा बनाया जा रहा है। यदि मैं कुछ कहता तो डंके की चोट पर उसे स्वीकार करता। मैं कहकर डरने वालों में नहीं हूँ। अपनी कही हुई बात को स्वीकारने की हिम्मत रखता हूँ। लेकिन 20 अप्रैल, 2015 को इस सदन में सम्मानित सदस्य श्री राहुल गांधीजी ने लोकसभा में नियम-193 के तहत कृषि संबंधी विषय पर बोलते हुए मेरे कथन को सही तरीके से पेश नहीं किया। अमरावती में 10 अप्रैल, 2015 को आयोजित कृषि विकास प्रदर्शन व कार्यशाला में मेरा जो भाषण हुआ था, वह रिकॉर्ड है। उसे सुना जा सकता है कि मैंने क्या कहा था। अपने भाषण में मैंने कहा था कि किसानों पर लगातार संकट आ रहा है। लेकिन इससे किसानों को हताश और निराश नहीं होना चाहिए। उन्हें आत्महत्या जैसा कदम उठाने की तथा यह रास्ता अपनाने की जरूरत नहीं है। किसानों को इस स्थिति में उत्पादन बढ़ाने की कोशिश करनी चाहिए। इसके लिए किसान आधुनिक तकनीक और संसाधनों का उपयोग करें। इसके लिए केवल सरकार और भगवान पर निर्भर रहना ठीक नहीं है। सरकार अपना काम कर रही है। लेकिन किसानों को भी कृषि क्षेत्र में हो रहे नए प्रयोगों एवं तकनीकों को अपनाना चाहिए। किसान नए प्रयोग एवं तकनीक के जरिए अपना आर्थिक एवं सामाजिक उत्थान कर सकते हैं। मैं स्वयं इस दिशा में लगातार प्रयास कर रहा हूँ। अपने क्षेत्र में किसानों के साथ मिलकर कृषि को समृद्धशाली बनाने के लिए कई नए प्रयोग करता रहता हूँ। मैं स्पष्ट करना चाहता हूँ कि इस संदर्भ में राहुल गांधी द्वारा मेरे बारे में गलत बताया गया था। दिल्ली के एक न्यूज चैनल ने जिस तरह से तथ्यों को बदलकर दिखाया। उसके आधार पर सम्मानित सदस्य ने यह बात कह डाली।

श्री ज्योतिरादित्य मावधराव सिंधिया (गुना) : मराठी न्यूज मीडिया में भी यह बात आई है।

श्री नितिन गडकरी : बिल्कुल नहीं आई है। यह बात पूरी तरह से स्पष्ट है। अगर मैं ऐसा कहता तो डरता नहीं, स्वीकार करता। लेकिन सम्मानित सदस्य की तरफ से सदन में गलत बात नहीं करनी चाहिए।

□

140 Agreements signed during the 'Summit'

STATEMENT RE: SUCCESSFUL ORGANISATION OF MARITOME INDIA SUMMIT HELD IN MUMBAI

मैं 14 से 16 अप्रैल, 2016 तक मुंबई में सामुद्रिक भारत समिट-2016 के सफल आयोजन के बारे में वक्तव्य प्रस्तुत करता हूँ। श्री नितिन गडकरी, केंद्रीय सड़क परिवहन और राजमार्ग मंत्री तथा पोत परिवहन मंत्री

The maiden India Summit, 2016 was organized by the Ministry of Shipping in Mumbai from April 14th to 16th, 2016. The objective of the Summit was to awareness of the untapped potential of the Indian maritime sector and showcase investment opportunities. The focus was on presenting India as an attractive investment destination.

The Summit was inaugurated by the hon. Prime Minister of India on 14th April, 2016 to mark the 125th birth anniversary if Dr. B.R. Ambedkar, who is the architect and Founding Father of our Constitution and the creator of the water and river navigation policy in India. Hon. Prime Minister also released the National Perspective Plan of the Sagarmula Programme on the occasion. The release of National Perspective Plan firmly places the ports and national waterways at the centre stage of national development agenda.Secretary General of International maritime Organisation, Mr. Kitack Lim and Minister of Oceans and Fisheries, Republic of Korea, Mr. Kim-Young suk also addressed the gathering during the Inaugural Session. Shri Rajnath Singh hon. Home Minister was the Chief Guest at the Valedictory Session.Republic of Korea was the Partner Country for the Summit. A delegation from Republic of Korea led by Minister of Oceans and Fisheries along with two Deputy Minister, senior Government officials and representatives of over 50 maritime sector companies participated in the Summit. Maharashtra was the host state for the summit and provided all necessary support for successfully hosting the sunmmit in Mumbai.More than 5200 delegates from across the world participated in the Summit. Eleven Union Minister, Chief Ministers/Ministers from four Maritime States in India and Union Minister of State participated in the Summit. Other maritime State had official level participation. Participation of Minister led delegation from eight countries lent importance to the summit.The three day exhibition organized during 14-16 April, 2016 drew enthusiastic response from 197 exhibitors including 81 international companies, 80 Indian private sector companies and 36 Government-owned entities.An exclusive CEO's Forum of select industry leaders was held to deliberate on the potential and growth opportunities in the Indian maritime Sector. Thirty Eight CEOs comprising 19 CEOs of multinational companies and 19 CEOs from the Indian maritime sector companies participated in the forum.Thirteen thematic sessions and three special sessions were organized,on Sagarmala shipbuilding, hinterland connectivity, port modenisation and new port development. Sessions on maritime States and Maritime nations were also organized. More than 80 eminent speakers from various contries shared their vision and experience and interacted with the audience.The Summit also provided a unique platform to forge new partnerships with other countries. On the sidelines of this Summit, high level bilateral meeting were held with 12 participating countries. Over 300 B-2-B meetings were held between interested stakeholders for exploring potential business tie-ups which in the course is expected to yield positive outcomes.

More than 140 Business Agreements were signed during the Summit. The valaue of investment in these 140 projects is around $ 13 Billion (approximately Rs. 83,000 crores). The Ministery of Shipping also showcased around 240 projects which present investment opportunities in the sector in India in the next few years. The investment potential of these projects in around $ 66 Billion (Rs. 4.34 lakh crores).To follow up on the investment proposals and provide assistance to potential investors, an Investment Facilitation Cell has been constituted in the Ministery of Shipping to support investors and assist in follow-up of all Business Agreements that have been signed during MIS 2016.

इंटरनेशनल कंसल्टेंट द्वारा तैयार किया गया सागर माला का विजन डाक्यूमेंट माननीय प्रधानमंत्री श्री नरेंद्र मोदीजी ने रिलीज किया है। उसके अनुसार आनेवाले दस साल में देश में करीब चार लाख करोड़ का निवेश होगा। जिसमें रोड और पोर्ट क्षेत्र के बीच संपर्क बनाया जाएगा। इसमें रेलवे के साथ संपर्क के साथ पोर्ट के आधुनिकीकरण का काम भी होगा। साथ ही नए पोर्ट का निर्माण भी किया जाएगा। करीब आठ लाख करोड़ 27 इंडस्ट्रीयल कलस्टर्स में इनवेस्ट होनेवाला है। उस रिपोर्ट के हिसाब से इस क्षेत्र में एक करोड़ लोगों को रोजगार मिलेगा, जिसमें 40 लाख लोगों को सीधे काम मिलेगा तथा 60 लाख लोग अप्रत्यक्ष तरीके से रोजगार से जुड़ेंगे। देश की जी.डी.पी. के लिए यह बहुत उपयोगी होगा।

□

राज्यसभा

देश भर में बनेगा ड्राईपोर्ट

वाणिज्य पोत परिवहन संशोधन विधेयक -2013 और वाणिज्य पोत परिवहन (दूसरा संशोधन) विधेयक-2013 सदन में विचार के लिए लाया गया। जिस पर बहस के दौरान केंद्रीय पोत परिवहन एवं सड़क परिवहन, राजमार्ग मंत्री श्री नितिन गडकरी द्वारा विधेयक की आवश्यकता और उपयोगिता से सदन को अवगत कराया गया।

DEPUTY CHAIMAN: Okay, now wc shall take up The Merchant Shipping (Amendment) Bill, 2013 and the Merchant Shipping (Second Amendment) Bill, 2013 which will be discussed together. Shri Nitin Jairam Gadkari to move motion for consideration of the two Bill,

केंद्रीय पोत परिवहन, सड़क परिवहन एवं राजमार्ग मंत्री श्री नितिन गडकरी : गह जो The Merchant Shipping (Amendment) Bill, 2013 है, यह विधेयक Anti-fouling Systems पर अंतरराष्ट्रीय सम्मेलन में दिए गए सुझाव पर आधारित है। देश में शिप के ऊपर जो केमिकल पेंट लगाया जाता है, उस पेंट को इसलिए लगाना पड़ता है कि एल्गी और बाकी बहुत सारी ऑर्गेनिक चीजें नीचे वाले पार्ट में चिपक जाती हैं, जिससे जहाज की रफ्तार कम हो जाती है। रफ्तार के साथ ईंधन का भी नुकसान होता है। इससे प्रदूषण भी बढ़ता है। इसलिए उसके ऊपर पेंट लगाने की बात की गई है। इसी रासायनिक पेंट लगाने के बाद यह समस्या पैदा हुई है। इस पेंट की कुछ चीजें पानी तथा पानी के अंदर की जैविकता के लिए ठीक नहीं हैं। इसके ऊपर अंतरराष्ट्रीय स्तर पर मेरी टाइम ऑर्गेनाइजेशन का सम्मेलन हुआ—To protect environment, marine life and food chain, जिसमें सुझाव आया था कि पेंट बदलने से ऑर्गेनिक जीवन को बचाया जा सकता है और प्रदूषण भी रोका जा सकता है। अंतरराष्ट्रीय सम्मेलन में मिले सुझाव को हमने 1958 के ऐक्ट में जोड़ा है और इस बिल को सदन में आप सबके ध्यान के लिए लाया है। मेरी प्रार्थना है कि सदन इसे मंजूर करे। इसके अलावा जो दूसरा बिल है, यह शिप पर काम करनेवाले श्रमिकों से संबंधित है। विशेष रूप से काम करते समय उन्हें कैसा माहौल मिले, कैसा घर हो, स्वास्थ्य सुविधा कैसी मिले तथा अंतरराष्ट्रीय सम्मेलन में श्रमिकों के अधिकार एवं सुरक्षा से संबंधित जो निर्णय लिये गए हैं, उसे इस विधेयक में शामिल किया गया है। इस विधेयक में हमने उनके अधिकारों का प्रावधान जोड़ा है। खुशी की बात यह है कि शिपिंग इंडस्ट्री ने भी इसका स्वागत किया है। इसके पहले जब यह बिल आया था, तो उस पर संसदीय समिति में भी चर्चा हुई थी और उसके बाद हम इसे सदन में लाए हैं। मैं यह बताना चाहूँगा कि यह Indian vessels less than 400 gross tone off Indian coast के ऊपर लागू नहीं होगा। यह जो है benefit of amendment है, इसके कारण स्वाभाविक रूप से काम करनेवाले श्रमिकों के अधिकारों की रक्षा होनेवाली है। मैं आपसे कहना चाहूँगा कि यह विषय संसदीय समिति के सामने भी आया था। इसलिए संशोधन से श्रमिकों को लाभ होगा। seamen उनके बारे में यह सुझाव दिया गया है कि the term ‘seamen’ be replaced with ‘seapersons’, क्योंकि अब इसमें पुरुष के साथ महिला भी हैं, इसलिए हम लोग उनके लिए ‘seapersons’ इस्तेमाल करेंगे। एक सुझाव यह भी दिया गया है, ‘Apply the provision of less than 500 gross tone.’ यानी जो 500 termgross tonne की शिप रहेगी, उसके ऊपर भी यह लागू होगा। इसके लिए periodically declaration certificate shoud be provided, इसके बारे में भी सिफारिश की गई है। इसके अलावा एक सुझाव ‘Enhancement of the present low level of penalties.’ हम लोग स्वाभाविक रूप से इस बारे में विचार करना चाहते हैं, क्योंकि यह 1958 का विधेयक है। जुरमाने के लिए हम लोग अलग से विधेयक लाने वाले हैं। इसलिए मैं सदन से प्रार्थना करता हूँ कि वह इन दोनों विधेयकों को मंजूरी देने की कृपा करें।

इस विधेयक पर संसद् में विस्तार से चर्चा चली। माननीय संसद् सदस्यों की तरफ से कई महत्त्वपूर्ण सुझाव दिए गए। चर्चा के दौरान उठाए प्रश्न के केंद्रीय पोत परिवहन मंत्री श्री नितिन गडकरी द्वारा बहस के दौरान ही जवाब दिया गया। इसमें बंदरगाह विकास के मुद्दे पर श्री नितिन गडकरी ने माननीय संसद् सदस्य के सवाल का जवाब देते हुए कहा कि मैंने जो बात कही है, उसे डंके की चोट पर करने की क्षमता भी है। मैं, dry port और satellite port की बात कर रहा हूँ। हम महाराष्ट्र में औरंगाबाद और नागपुर के पास वर्धा में दो dry ports बना रहे हैं। मैं आपसे प्रार्थना करता हूँ कि उत्तर प्रदेश की सरकार, जहाँ से माल एक्सपोर्ट और इंपोर्ट होता है, वहाँ रेलवे लाइन के बगल में 400 एकड़ की जगह दे, हम कंटेनर को वहीं सील करेंगे और डायरेक्ट शिप में लोड करेंगे। सिर्फ उत्तर प्रदेश में ही नहीं, राजस्थान हो या जिन-जिन प्रदेशों में समुद्र नहीं है, उन राज्यों में dry ports और satellite port बनाने की नीति हमने बनाई है। आप कोई भी प्रस्ताव लाइए, वहाँ एक्सपोर्ट और इंपोर्ट की क्षमता होनी चाहिए, मैं स्वीकार करूँगा। मैं अभी Amsterdam और Rotterdam गया था, वहाँ की नदियों में सबसे बड़ा ट्रांसपोर्ट होता है। मुझे आपको यह बताते हुए खुशी हो रही है कि वाराणसी से हल्दिया तक हम 23 water port बना रहे हैं। इसकी शुरुआत भी कर दी है। हल्दिया पोर्ट पर जो कोयला इंपोर्ट करके आता है, उसे वहाँ से दस हजार टन के barges में भरकर फरक्का में पहुँचाने की शुरुआत कर दी गई है। हम चाहते हैं कि चाहे इंपोर्ट कोयला हो, इंपोर्ट आयरन हो या यहाँ से कुछ एक्सपोर्ट करना हो, सब पानी के माध्यम से जाए। हमें वित्त मंत्रालय से इस साल के बजट में 4, 200 करोड़ रुपए मिले हैं। मैं आपको विश्वास दिलाता हूँ कि आपको समुद्र के रास्ते कोलकाता से शिप में बैठाकर नॉर्थ ईस्ट तक पहुँचा देंगे।

Shri P. Bhattacharya: In regards to deep sea port, what are you going to do?

श्री नितिन गडकरी : महोदय, मैं आपका जवाब दूँगा और यदि नहीं दे पाया तो मैं आपको इसके बारे में बता दूँगा। जब श्री अटल बिहारी वाजपेयीजी प्रधानमंत्री थे, तब मुझे 'प्रधान मंत्री ग्राम सड़क योजना' बनाने का सौभाग्य मिला, उस समय मैं सांसद और मंत्री नहीं था। इसके बाद मुझे राष्ट्रीय राजमार्ग की योजना बनाने का सौभाग्य मिला, उस समय मैं महाराष्ट्र में मंत्री था। मैं गंभीरता

से कहना चाहता हूँ कि सड़क के बारे में हमने बहुत सोचा पर जल परिवहन के बारे हमने कभी नहीं सोचा था। इसलिए मैं मानता हूँ कि हमसे कहीं-न-कहीं बड़ी गलती भी हुई है। इससे प्रदूषण और खर्च में कमी आएगी। मैं अभी लंदन में था, वहाँ पर जो hovercrafts हैं, उसमें बैठकर देखकर आया हूँ। वहाँ उसकी रफ्तार 70 से 80 किलोमीटर प्रति घंटा है। उससे रक्षा मंत्रालय के गोवा शिपयार्ड से ज्वॉइंट वेंचर किया है। यहाँ पर ये 70 hovercrafts बना रहे हैं। वे hovercrafts कहीं भी चल सकता है। वह गंगा, यमुना में चल सकता है, कोई समस्या नहीं है। मैंने उनको बुलाया है। मैंने उनसे कहा है कि आप ये hovercrafts हमारे देश में बनाइए, क्योंकि दुनिया में ये hovercrafts बनाने वाली सिर्फ वही एक कंपनी है। अभी ऑस्ट्रेलिया में Catamaran है, जिसमें 700 लोगों के बैठने की क्षमता है। उसमें 100 कारें आ सकती हैं और 25 बस अथवा ट्रक आ सकते हैं। उसकी रफ्तार 80 किलोमीटर प्रति घंटे की है। हमने गंगा के लिए तय किया है कि 45 meter width, and, 5 meter draft होगा। इसलिए वाराणसी से हल्दिया तक हम तुरंत यह काम शुरू कर रहे हैं। मेरी कोशिश इसे इलाहाबाद, फिर कानपुर तक ले जाने की है। इसमें रोजगार के बड़े अवसर हैं। इसके अलावा आर्थिक और पर्यावरण का लाभ भी है। आप उत्तर प्रदेश की सरकार की तरफ से कोई दो चीजों के बारे में बताइए, मुझे देने का अधिकार है। हमें कोई रोकता नहीं है, इसलिए आप चिंता मत करिए। आप जो कहेंगे, मैं देने को तैयार हूँ। इसमें कोई भेदभाव नहीं होगा।

प्रो राम गोपाल यादव : आप जहाँ कहेंगे, वहाँ आपको जमीन दिला दी जाएगी।

श्री नितिन गडकरी : आप जमीन दीजिए। उत्तर प्रदेश में आपकी सरकार जहाँ कहेगी, मैं तुरंत दो ड्राई पोर्ट शुरू कर दूँगा।

श्री नरेश अग्रवाल : आप भूमि अधिग्रहण विधेयक ठीक कर दीजिए।

श्री नितिन गडकरी : आप यहाँ बोलते हैं कि भूमि अधिग्रहण विधेयक ठीक करिए और बाहर जाकर उसका विरोध करते हैं। श्री वी.पी. सिंह ने प्रशिक्षण के बारे में बहुत अच्छे सुझाव दिए हैं। इस क्षेत्र में विशेष रूप से बहुत क्षमता है, लेकिन समस्या यह है कि Indian shipping industry की स्थिति अच्छी नहीं है। यदि एक साल की apprenticeship करनी है, तो उस पर दस लाख रुपए का खर्चा आता है। इंडियन शिप में जगह उपलब्ध नहीं है। विदेशी शिप वाले लेने के लिए तैयार हैं, लेकिन उसमें वह वेतन नहीं देते। मैंने केंद्रीय मंत्री नजमा हेपतुल्लाजी और केंद्रीय मंत्री थावरचंद गहलोतजी के साथ बैठक बात की थी कि एस.सी.-एस.टी. और अल्पसंख्यक समाज के जितने लड़के हैं, उन्हें इस काम के लिए शिक्षा ऋण दिया जाए। हम उनका टिकट डॉलर में निकालें, उनको एक साल डॉलर में खर्चा करना पड़ेगा, क्योंकि उनको दूसरे देशों में शिप में रहना पड़ेगा। युवाओं को दस लाख रुपए का ऋण देने के प्रस्ताव को इन दोनों मंत्रियों ने स्वीकार कर लिया है। कैबिनेट की मंजूरी मिलने के बाद इस पर काम शुरू हो जाएगा। देश में अभी छह लाख ऐसे लोग हैं, जिन्हें इसमें रोजगार मिला हुआ है। यदि यह लागू हो जाएगा, तो प्रशिक्षित बेरोजगारों को काम मिल जाएगा। यह प्रशिक्षण का काम मेरी प्राथमिकता में है। जहाँ तक Indian Coast Guard का संबंध है, उसका मेरे विभाग से संबंध नहीं है। लेकिन आपने जो बातें रखी हैं, मैं उनको ऊपर तक जरूर पहुँचाऊँगा। भारत में जो 90 प्रतिशत exim Gargo है, वह शिप के द्वारा आता है। हमारे यहाँ पर डोमेस्टिक केवल 10 प्रतिशत है। मैं आपसे आग्रह करूँगा कि Amsterdam Rotterdam, Belgium, Spain आदि ने नदियों को पोर्ट में कंवर्ट किया है। उस पर उनकी पूरी अर्थव्यवस्था चल रही है। हमारी गंगा, यमुना नदियों को मिलाकर पाँच नदियाँ हैं, जिनके लिए हमने इनलैंड वाटरवेज कानून में मान्यता दी है। हम आपके सामने एक नया बिल ला रहे हैं, जिस पर आपका समर्थन चाहिए। कोई भी राज्य सरकार एनी रिवर्स को नोटिफाई कर के रिवर्स कहती है और उसमें

इनलैंड वाटरवेज बनाने के लिए हम अनुमति देंगे। आंध्र प्रदेश में—जैसे आंध्र प्रदेश और तेलंगाना हैं, तेलंगाना के लोग मेरे पास आए और कहा कि हमारे पास पोर्ट नहीं है, सभी पोर्ट आंध्र प्रदेश में चले गए, मैंने कहा कि मैं आपको पोर्ट दे देता हूँ। उन्होंने कहा कि हमारे यहाँ समुद्र नहीं है, तो पोर्ट कैसे मिलेगा? मैंने कहा कि आप गोदावरी के पास जहाँ रेलवे हो कहीं भी जगह देख लीजिए, मैं वहाँ पर पोर्ट बनाता हूँ। इससे दस हजार टन के बार्जिस में कंटेनर डालकर सीधे विशाखापट्टनम में कहीं भी ले जाया जाएगा, लोड हो जाएगा और आपको पोर्ट मिल जाएगा। हम इसको प्राथमिकता दे रहे हैं। आपने जो विशाखापट्टनम की बात कही, वह शिपयार्ड अब हमारे पास नहीं है, वह रक्षा मंत्रालय के पास है। शिपिंग इंडस्ट्री की हालत अच्छी नहीं है, शिपिंग इंडस्ट्री बहुत समस्या का सामना कर रही है। इस समय शिपिंग इंडस्ट्री लगभग खत्म होने की स्थिति में खड़ी है। मैं कोशिश कर रहा हूँ कि डॉलर में कमाने वाली शिपिंग इंडस्ट्री को डॉलर में कर्ज लेने की अनुमति मिले। इसमें दो प्रतिशत अतिरिक्त लगेगा, जिसे वे डॉलर में वापस कर सकते हैं। हमें कहीं-न-कहीं ऐसे निर्णय लेने होंगे कि इस इंडस्ट्री की कैसे मदद की जाए। मैं आपको भरोसा देता हूँ कि हमारी सरकार इस इंडस्ट्री को पूरी प्राथमिकता देगी। जहाँ तक पर्यावरण (environment) की बात है, तो हमारे यहाँ पर अजीब स्थिति है। भारतीय शिप पर हम टैक्स लगाते हैं। लेकिन जो बाहर से आते हैं, उनको exemption दिया गया है। इस कारण से हम अपनी इंडस्ट्री को penalize करते हैं। हमने इसकी कमियों को ढूँढ़ा है और उनको जल्द ही दूर करेंगे। चर्चा के दौरान पेंशन का विषय आया है। यह बिल्कुल सही बात है, लोग शिप में 6-6 माह काम करते हैं। यदि तुलना करें तो छह माह में उनको इतना वेतन मिलता है कि अगले छह माह काम करने की जरूरत नहीं है। इसके बावजूद मैं चाहता हूँ, इसमें पेंशन मिलने की व्यवस्था हो। इस दिशा में हम कोशिश कर रहे हैं और इस प्रावधान को जरूर लाएँगे। सामाजिक सुरक्षा के हिसाब से शिपिंग कंपनियाँ इसमें सहभागिता करेंगी, सरकार भी सहभागी होगी, जिससे पेंशन योजना लाई जा सके। श्रमिक से संबंधित जो संशोधन लाया गया है, उसमें कुछ लोगों ने सवाल उठाया था। इसमें मैं बताना चाहता हूँ कि यह नियम निजी शिप के लिए भी लागू होगा। जहाँ तक सेक्शन-3

के बारे में कहा गया है, मर्चेंट शिपिंग ऐक्ट में पहले आयुसीमा 15 साल थी। संसदीय समिति ने उसे 16 साल करने की बात कही है। मुझे लगता है कि 16 साल की उम्र पर आप सभी लोगों का समर्थन है। इसलिए इसको अमल में लाना चाहिए। यदि आपको लगता है कि यह उम्र और बढ़नी चाहिए तो हम उसके बारे में नए सिरे से सोच सकते हैं। यदि कोई व्यक्ति 16 साल की उम्र में वहाँ जाएगा, उसे ट्रेनिंग मिलेगी, उसके बाद पदोन्नति और अच्छे वेतन के साथ तमाम तरह की सुविधाएँ मिलती हैं। इस क्षेत्र में जाने के बाद जो शैक्षणिक योग्यता है, उसकी बहुत ज्यादा जरूरत नही है। इसलिए मेरा मानना है कि 16 साल की उम्र ठीक मानी जानी चाहिए। अभी एक और उम्र के बारे में सवाल किया गया है। मैं बता दूँ कि उम्र के बारे में पहले से हमारे कानून में स्पष्टता है कि अलग-अलग प्रकार के शिप के लिए 20-25 और 30 साल का नियम बना हुआ है। हम उसी नियम को भारतीय शिप में मंजूर करेंगे। अभी पलायन का विषय उठाया गया था। मेरा मानना है कि काम के लिए गोवा से मुंबई आने की जरूरत नहीं है। इसमें जो ECNR stamping करनी पड़ती है, उसकी जरूरत नहीं है। मैं इसको अपने विभाग में फॉलो-अप कर निर्णय लेने की जरूर कोशिश करूँगा। माननीय सांसद की तरफ से जुरमाने का विषय उठाया गया है। उनका सुझाव बिल्कुल सही है, परंतु यह प्रावधान 1958 के ऐक्ट का है। इस पर संसदीय समिति ने भी कुछ सुझाव दिए हैं। जब मैंने यह विधेयक देखा, तो मुझे महसूस हुआ कि इस दौर में, जब इकोनॉमी इतनी बदल गई है, जुरमाना राशि बहुत कम है। परंतु विधेयक में संसदीय समिति की तरफ से जो प्रस्ताावित किया गया है, उसी को लिया गया है। मैं दस दिन पहले स्टॉकहोम में था। वहाँ गार्बेज और ड्रेनेज का जो पानी है, उससे बायोगैस तैयार करके 450 बसें चलाई जा रही हैं। आजकल एक देश दूसरे देश को कचरा भी आयात-निर्यात कर रहे हैं। यह चलन हमारे यहाँ भी आ सकता है। इसके बारे में पर्यावरण मंत्रालय की गाइड लाइन है। इसका पूरा उपयोग करके हम समुद्र को स्वच्छ करना चाहते हैं। मैं मुंबई के वर्ली में रहता हूँ। कभी सुबह या शाम को समुद्र की तरफ जाता हूँ, तो वहाँ हवा में इतनी खराब गंध रहती कि खड़ा होना अच्छा नहीं लगता। मुझे यह कहने में संकोच नहीं होता कि दुनिया में सबसे ज्यादा प्रदूषित समुद्र

का पानी हमारे यहाँ है। जिस तरह से देश में स्वच्छ भारत अभियान शुरू किया गया है, उसी तरह से नदियों और समुद्रों को स्वच्छ करने का अभियान चलाने की जरूरत है। हम इस मसले पर बहुत संवेदनशील हैं। हम ऐसे किसी कचरे को समुद्र में नहीं डालने देंगे, जो बाहर से लाया जा रहा है। यह बात सही है कि दुनिया भर का कचरा हमारे यहाँ भेज दिया जाता है। यह कचरा देश के लिए नई समस्या खड़ी न करे, हमें इसकी चिंता करनी पड़ेगी। मैं गर्व से कह रहा हूँ कि भारतीय वैज्ञानिक बहुत क्षमतावान हैं। That we can convert waste into wealth. जैसे—आयरन है, उसकी स्लैग निकलती है और पड़ी रहती है। हमारे एक भारतीय वैज्ञानिक ने ऑस्ट्रेलिया में आयरन स्लैग से एयर स्ट्रिप बनाई, रोड बनाया। जब उन्होंने मुझे दिखाया तो मैंने अपने तकनीकी विभाग को इसको जाँचने के लिए कहा। मुझे बताते हुए खुशी हो रही है कि पर्यावरण सुरक्षा के हिसाब से कर्नाटक, ओड़िशा में पड़े आयरन स्लैग का उपयोग हम सीमेंट कंक्रीट सड़क बनाने में करेंगे। इसका उपयोग करने से सड़क मजबूत होगी। इसमें लागत कम हो जाएगी तथा पर्यावरण संबंधी समस्या का भी समाधान होगा। हमें जीवंत चीजों को बनाए रखने की चिंता करनी होगी। जो पानी में जाकर पानी को खराब करती हैं। इस बारे में पर्यावरण मंत्रालय के कुछ नियम हैं और हम इसकी चिंता करेंगे।

DEPUTY CHAIMAN Shri P.J. Kuriyan: Mr, Nitin Gadkari there is already a technology for converting waste into energy. The Non-Conventional Energy Ministry was goving subsidy for that also. I think, you may consider this point also.

श्री नितिन गडकरी : मैं उद्योगपति नहीं हूँ और न ही मेरा कोई धंधा है। मैं अपने क्षेत्र में सहकारिता के जरिए किसानों के साथ मिलकर ग्रीन पावर के पाँच प्रोजेक्ट्स चलाता हूँ। जैसा आप कह रहे हैं, मैं बायोमास से 80 मेगावाट ग्रीन पावर तैयार करता हूँ। 20,000 किसान उसके मालिक हैं। देश की पहली सौ प्रतिशत एथनॉल, एब्सॉल्यूट अल्कोहल बस किसानों द्वारा तैयार की गई है। स्कैनिया कंपनी की यह पहली बस मैंने अपने नागपुर शहर में प्रारंभ की है। सड़क परिवहन और राजमार्ग मंत्रालय का मंत्री होने के कारण मेरा प्रयास है कि आनेवाले समय में बायो गैस, बायो डीजल, एथनॉल और इलेक्ट्रिक वाहन का

प्रयोग देश में बढ़े। हिंदुजाजी ने लंदन में इलेक्ट्रिक बस लॉञ्च की है, मैं उनसे मिलकर आया हूँ। अब भारत में डीजल बसों को इलेक्ट्रिक में बदलने की बात चल रही है। इस विषय में विस्तार से तब बताऊँगा, जब मोटर व्हीकल ऐक्ट आपके सामने लाऊँगा। इसकी सब तैयारी हो चुकी है। हमारा उद्देश्य प्रदूषण को रोकना है। मैंने अभी जिन चारों चीजों की बात की है, उनमें 95 प्रतिशत एमिशन कार्बन डाइऑक्साइड से है। अब मैं जल परिवहन के बारे में बताना चाहूँगा। मैंने प्रधानमंत्री नरेंद्र मोदीजी से प्रधानमंत्री सड़क योजना की तर्ज पर प्रधानमंत्री जलमार्ग योजना बनाए जाने की प्रार्थना की है। इससे देश का चित्र एकदम बदल जाएगा। आपने तमिलनाडु के colachel Port की चर्चा की है, यह बहुत महत्त्वपूर्ण पोर्ट है, क्योंकि कन्याकुमारी के पास इस पोर्ट में एशिया में दूसरे नंबर की प्राकृतिक गहराई 20 मीटर है। बाकी जगह पर हमें गहराई बनानी पड़ रही है, जिसमें 12 से 14 मीटर गहराई के लिए 1000-2000 करोड़ रुपए खर्च किए जाते हैं। Colachel Port के बारे में जानने के लिए हमारे राज्यमंत्री पोन राधाकृष्णनजी और मैं चेन्नई गए थे। मैंने तमिलनाडु के मुख्यमंत्री को भी इसके लिए पत्र लिखा है। अगर उन्होंने सहयोग दिया, तो मैं Colachel Port का काम तुरंत शुरू करा दूँगा।

श्री उपसभापति : धन्यवाद।

श्री नितिन गडकरी : आखिर में एक ही मुद्दा है, जिसके बारे में आपने भी कहा और बहुत से लोगों ने उठाया। मैं रामेश्वरम गया था। तब मेरे राज्यमंत्री साथ थे। उस समय मुझसे श्रीलंका में जिन्हें सजा मिली थी, उन मछली पकड़ने वालों के परिजन मिले थे। उन्होंने हमें सारी स्थिति बताई। मैं उनका पत्र लेकर दिल्ली आया। विदेश मंत्री माननीय सुषमा स्वराजजी से मिला, प्रधानमंत्री श्री नरेंद्र मोदीजी से मिलकर बताया कि जिस तरह का केस बनाकर उन्हें सजा दी गई, वह ठीक नहीं है। इसके बाद प्रधानमंत्रीजी और सुषमाजी ने प्रयास किए, हमारी सरकार ने इसे बहुत गंभीरता से लिया, जिसका नतीजा यह हुआ कि सरकार के गंभीर प्रयास के चलते उन लोगों को रिहा किया गया। यह जो विधेयक है, इस पर आपने बहुत अच्छे सुझाव दिए गए हैं। अगली बार और अच्छा समय दीजिए, आप जितने सवाल पूछेंगे, मैं जवाब दूँगा। मैं एक बार फिर से सदन के

सम्माननीय सदस्यों से अपील करता हूँ कि यह देश के लिए तथा पर्यावरण के हिसाब से महत्त्वपूर्ण बिल है। आप सब लोग इसको मंजूरी दें।

DEPUTY CHAIMAN: In fact, I think you on behalf of all the Members for replying to very Member and very point. The motions are already moved. I shall now put the motion regarding the consideration of the Merchant Shipping (Amendment) Bill, 2013 to vote. The question is:

That the Bill futher to amend the Merchant Shipping Act, 1958, be taken into consideration.

The motion was adopted.

MR. DEPUTY CHAIMAN: We shall now take up Clause-by-Clause consideration of the Bill. In Clause 2, there are six Amendments (Nos.3 to 8) by Shri Nitin Jairam Gadkari.

Clause 2. Insertion of new Part XIP

SHRI NITIN GADKARI: Sir, I move:

3. That at page 2, line 12, **for** the words "in a manner consistent are operated" the word "are operated in a prescribed manner consistent" be **substituted.**
4. That at page 2, lines 34 and 35, the words "as net out in the Annexure" be **deleted.**
5. That at page 3, lines 24 and 25, **for** the words "Indian ships, which are below 400 gross tonnage and not engaged in international voyage and which", the words "Indian ships entitled to fly Indian flag which are of 400 gross tonnage and above, with appropriate conditions as applicable for each type of ships and not engaged in international voyage and" and be **Substituted.**
6. That at page 4, line 1, **for** the words "A surveyor or any person author rised by the Director-General", the words " Any person authorised by the Director-General as surveyor" be **Subs-tituted.**
7. That at page 4, line 1, **for** the words "A surveyor or any person authorized by the Director-General", the

words "Any person authorized by the Director-General as surveyor" be **Subs-tituted.**

8. That at page 4, **for** line 40 to 48, the following be **Substituted.** Namely:

"(a) appropriate measures for operation of ships under the proviso to su-section (2) of section 356P;

(b) the standards, requirements and measures to ensure compliance under section 356R;

(c) procedure and conditions and the fees which may be levied for inspection and issuance of international Anti-Fouling Systems Certificate under section 356S;

(d) procedure and the fees which may be levied for issurance of Anti-fouling Systems Certificate for foreign ships in India and Indian ships in foreign countries under section 356T;

(e) procedure for collection handling and disposal of wastes under section 356u;

(f) the format for record of Anti-Fouling Systems, the manner in which such record shall be maintained under section 356V;

(g) any other matter which is required to be or may be prescribed."

Thc qucstions wcrc put and thc motions were adopted Clause

2, as amended, was added to the Bill.

MR. DUPUTY CHAIRAM: In clause 3, there are five amendments (Nos 9 to 13)BY Shri Nitin Jairam Gadkari.

Clause 3. Amendment of section 436

SHRI NITIN GADKARI: Sir, I move:

9. That at page 5, line 8, **for** the word 'five lakh', the word 'fifteen lakh' be **Substituted.**

10. That at page 5, line 10, **for** the word 'one lakh', the word 'three lakh' be **Substituted.**

11. That at page 5, line 13, **for** the word ‘fifty thousand’, the word ‘one lakh and fifty thousand’ be **Substituted.**
12. That at page 5, line 18, **for** the word ‘fifty thousand’, the word ‘one lakh and fifty thousand’ be **Substituted.**
13. That at page 5, line 21, **for** the word ‘fifty thousand’, the word ‘one lakh fifty thousand’ be **Substituted.**

The question were put and the motions were adopted

Clause

3, as amended, was added to the Bill.

Clause 4. Insertion of Annexure

MR. DEPUTY CHAIMAN: In clause 4, there is one Amendment (No.14) by Shri Nitin Jairam Gadkari.

SHRI NITIN GADKARI : Sir, I move:

2. That at page 1, line 2, **for** the figure '2013', the figure '2014' be **Substituted.**

The question was put and the motion was adopted

Clause 1, as amended, was added to the Bill.

Enacting Formula

MR. DEPUTY CHAIMAN: In the Enacting Formula, there is one Amendment (No.1) by Shri Nitin Jairam Gadkari.

SHRI NITIN GADKARI : Sir, I move:

1. That at page 1, for the word 'Sixty-fourth' the word 'Sixty-fifth' be **Substituted.**

The question was put and the motion was adopted Enacting Formula. As amended, was added to the Bill.

Title was added to the Bill.

SHRI NITIN GADKARI : Sir, I move:

That the Bill, as amended, be passed.

The question was put and the motion was adopted.

DEPUTY CHAIMAN: Now we shall take up the Merchant Shipping (Second Amendment) Bill, 2013. The question is:

That the Bill further to amend the Merchant Shipping Act, 1958, be taken into consideration.

The motion was adopted.

DEPUTY CHAIMAN: We shall now take up clause-by-clause consideration of the Bill.

Clause 2. was added to the Bill.

DEPUTY CHAIMAN: In clause 3 there are three amendments (Nos. 3, 4 and 5) by the Minister.

Clause 3. Insertion of new sections 88A and 88B

SHRI NITIN GADKARI : Sir, I move:

(3) That at page 1, line 14, **After** the word "Director-General of Shipping", the words "or by any officer, authority or organization authorized by him in this behalf" be **inserted.**

(4) That at page 2, line 8, **for** the word "on Maritime Labour Standards signed in Ganeva", the word "of Maritime Labour Ogranusation on Maritime Labour Satandards signed in Geneva" be ***subsitituted.***

(5) That at page 2, lines 11 and 12, **for** the word "word on

board in any capacity by any person" the word "work on board in any capacity of any person" be ***subsitituted.***

The question were put the motions were adopted. Clause 3, as amended, was added to the Bill.

DEPUTY CHAIMAN: In clause 5 there is an Amendment (No.6) by the Minister.

Clause 5. Amendment of Section 92

SHRI NITIN GADKARI : Sir, I move:

(6) That at page 2, ***for*** lines 31 to 35, the following be substituted, namely:

'(a) for sub-section (1), the following sub-section shall be subsitituted, namely:

"(1) the apprenticeship of any person to the sea servies shall be by contract in writing between the apprentice or if he is a yound person, then, on his behalf by his quardian, and the master or owner of the ship requiting the apprentice."

The question was put and the motion was adopted.

Clause 5, as amended, was added to the Bill.

Clauses 6 and 7 were added to the Bill.

DEPUTY CHAIMAN: In clause 8 there is an Amendment (No.7) by the Minister

Clause 8–Amendment of Section 101

SHRI NITIN GADKARI: Sir, I move:

(7) That at page 3, ***after*** line 7, the following be ***inserted***, namely:-

'(iv) after clause (k) the following clause shall be inserted, namely:-

"(kk) the terms of agreement with the crew shall be determined after consultation with such organizations in India as the Central Government may, by order, notify to be most representative of the employers of seamen and of seamen,"

The question was put and the motion was adopted.

Clause 8, as amended, was added to the Bill.

DEPUTY CHAIRMAN: In clause 9 there is an amendment (No.8) by the Minister.

Clause 9. substitution of new Section for section 109

SHRI NITIN GADKARI: I move:

(8) That at page 3, after line 13, the following proviso be ***inserted*** namely:

"Provided that the Director-General of Shipping—

(i) For giving effective training; or

(ii) For performing a specific nature of duty,

At night, may, by order permit engagement of any young person in night work which shall not be detrimental to the health of well being of such young person,"

The question was put and the motion was adopted.

Clause 9, as amended' was added to the Bill.

Clause 10 and 11 were added to the Bill.

DEPUTY CHAIRMAN: IN clause 12 there is an Amendment (No.9) by the Minister.

Cluase 12- Substitution of new Section for Section 132

SHRI NITIN GADKARI: Sir, I move:

(9) That at page 3 ***for*** lines 23 and 24, the following be ***substituted,*** namely:-

'12. In section 132 of the principal Act, in sub-section (1), for clause (a), the following clause shall be substituted, namely:-

'(a) where the amoung in dispute is up to five lakh rupees or such higher amount not exceeding ten lakh rupees, as the Central Government may, by notification, specify, at the instance of eigher party to the dipute;"

The question was put and the motion was adopted.

Clause 12, as amended, was added to the Bill.

Clause 13-15 were added to the Bill.

MR. DEPUTY CHAIRMAN : In clause 16 there is a

Amendment (No.10) by the Minister.

Clause 16- Insertion of new Section 218A

SHRI NITIN GADKARI: Sir, I move:

(10) That at page 4, line 19, ***After*** the word "Maritime Labour Convention", the word "and in consultation with such organizations in India as the Central Governmemt may, by order, notify to be the most representative of the employers of seamen and of seamen; be ***inserted.***

The question was put and the motion was adopted.

Clause 16, as amended, was added to the Bill.

Clause 17 was added to the Bill.

DEPUTY CHAIRMAN: In clause 1, there is one amendment (No. 2) by Nitin Jairam Gadkari.

Clause 1- Short Title and Commencement

SHRI NITIN GADKARI: Sir, I move:-

(3) That at page 1, line 2, ***for*** the figure '2013', the figure '2014' be subsitituted.

The question was put and the motion was adopted.

Clause 1, as amended, was added to the bill.

DEPUTY CHAIRMAN: In the Enacting Formula, there is one amendment (No.1) by Shri Nitin Gadkari.

ENACTING FORMULA

SHRI NITIN GADKARI : Sir, I move:

1. That at page 1, line 1, ***for*** the word "Sixty- fourth" the word " Sixty-fifth be ***substituted.***

That at page 1, line, for and the motion was adopted.

The Enacting Formula, as amended, was added to the Bill.

The Title was added to the Bill.

□

नियमों में व्यापक बदलाव

DR. T.N. SEEMA: Sir,as part of the reply, an Annexure is given with details of developers of some projects, but one name which is missing in the details is, DA Toll Road Private Limited, which is a part of Reliance Infra. Sir, Reliance Infra has formed a special purpose vehicle in the name of DA Toll Road Private Ltd. for six-laning of Delhi-Agra Highway in 2010 and began collecting toll from October 16, 2012. By the end of August 2013, the concessionaire had collected toll amounting to Rs. 120 crores and utilized an amount of Rs. 78.32 crores in investment in liquid funds. Sir, my question is, what are the reason for NHAI giving undue benefits to Reliance Infra for six-laning of the National Highway and also for other companies by deleting an important clause. Withholding the toll collection in case of failure to achieve milestones in the concession agreement?

केंद्रीय सड़क परिवहन, राजमार्ग एवं पोत परिवहन मंत्री श्री नितिन गडकरी: इस पर CAG की आपत्ति सही है। 2005 में जो मॉडल समझौता होना था, उसमें त्रुटि रह गई थी। टोल के ऊपर जो traffic count होता था, उसमें पूरे traffic की बजाय, केवल tollable traffic पर count किया गया था। 2005 के इस समझौते में बाद में ध्यान में आया कि पूरा काम करने से पहले जो COD ही मिल रहा था, उसमें कुछ त्रुटियाँ थीं। 2011 में मंत्रालय द्वारा इसका दिशा-निर्देश बनाया गया। अब हमने मॉडल समझौते के लिए सुधार किया है। कैबिनेट सचिव की अध्यक्षता में एक कमेटी बनाई गई थी, उसकी रिपोर्ट आ गई है। एक माह के अंदर एक नया मॉडल समझौता लाएँगे, जिसमें

इन त्रुटियों को दूर किया जाएगा। राष्ट्रीय राजमार्ग में भी इस व्यवस्था को सुधारने के लिए राष्ट्रीय राजमार्ग के पूर्व अध्यक्ष की अध्यक्षता में कमेटी का गठन किया गया है, जिसमें श्री दीपक दासगुप्ता और श्री आर.सी. सिन्हा को भी रखा गया है, ताकि समस्या में सुधार कर नई व्यवस्था को नए तरीके से लागू किया जा सके। पुरानी सरकार द्वारा पहले से ही समझौता किया जा चुका है, इसलिए वह हमारे ऊपर भी बंधनकारी है। आपने जो कहा, वह बात सही है, उसमें थोड़ी सी irregularity आ जाती है। इसमें financial loss नहीं है, लेकिन CAG ने जो आपत्ति की है, उसको मंत्रालय ने मान्य किया है और आगे भविष्य में हम इसको बेहतर कर रहे हैं।

DR. T.N. SEEMA: Sorry Sir, I did not get the reply of my first supplementary, which was a specific question. Sir, my second supplementary, which is connected with my first supplementary, is regarding the investment in liquid funds by DA Toll Road Private Limited. Sir, as per the Concession Agreement Clause, the toll collected from the day of default to achieve the milestones should be withheld in an escrow account and transfer of funds from such account should only be used for project-related works. Sir, I want to know from the hon. Minister whether any clause of agreements signed with the NHAI and lenders allows the Concessionaire to collect toll without achieving the milestones, and utilize the same for its ancillary objects rather than focusing on project construction. It is because they are investing in liquid funds. Sir, my question is very specific on that issue.

केंद्रीय सड़क परिवहन, राजमार्ग एवं पोत परिवहन मंत्री श्री नितिन गडकरी : कैग की निगरानी में उस कंपनी से टोल की धनराशि ली गई और उसे अभी escrow account में रखा गया है। आपकी बात सही है, क्योंकि जो basic model agreement था, उसमें सौ प्रतिशत काम पूरा होने के बाद टोल शुरू किया जाना चाहिए, क्योंकि कंपनी को 53 प्रतिशत काम पूरा होने के बाद सी.ओ.डी. मिलती थी। इसमें समस्या यह आई कि भूमि अधिग्रहण (land acquisition) वन एवं पर्यावरण की मंजूरी (forest Environment Clearance) और रेल ओवर ब्रिज-रेल अंडरपास की अनुमति (Railway over-bridge clearance) दो-दो, तीन-तीन साल तक नहीं मिलती थी। अब हमने पुराने अनुभव से कुछ सुधार करते हुए निर्णय किया है कि 80 प्रतिशत भूमि अधिग्रहण किए बिना हम कोई वर्क ऑर्डर नहीं देंगे। मैं, स्वीकार करता हूँ कि पुरानी सरकार ने गलत या सही, जो भी समझौता किया उसकी जिम्मेवारी हमारे ऊपर ही है। अगर उसमें हम थोड़ा भी डेविएशन करते हैं, तो हमको उसका compensation देना पड़ेगा। भविष्य में आपके द्वारा कही हुई बातों के अनुसार हम सुधार करेंगे। आपने जिस मामले का उल्लेख किया है, कैग की निगरानी के बाद उस टोल को escrow account में डालने के लिए कहा गया है और इसको उससे अलग किया गया है।

श्री चुन्नी भाई कानजी भाई गोहेल : जब हाईवे के काम दिए जाते हैं, तो उन्हें निर्धारित अवधि में पूरा करने का समय दिया जाता है, इसकी तारीख दी जाती है। अगर उस समय पर काम पूरा नहीं होता है, तो क्या विभाग उन पर पैनल्टी लगाता है? अगर अभी भी उसी रोड पर काम चालू है, तो क्या वहाँ उनको टोल लेने की मंजूरी दी जाती है?

श्री नितिन गडकरी : यह सही है कि निश्चित अवधि में काम पूरा नहीं होता है, लेकिन उसके लिए काम करनेवाले से ज्यादा सरकार जिम्मेदार

है। हम लोग वर्क ऑर्डर दे देते हैं, लेकिन अगर वन एवं पर्यावरण की मंजूरी (environment and Forests) उनको तीन-तीन, चार-चार साल तक नहीं मिलेगी, तो वह काम नहीं कर सकता है। राज्य सरकार की तरफ से भूमि अधिग्रहण किया जाता है। अगर वह काम नहीं होता है, तब भी काम बंद पड़ जाता है। पहले तीन-तीन साल तक रेल ओवर ब्रिज-रेल अंडरपास (railway over-bridge) की अनुमति नहीं मिलती थी। हमारी सरकार आने के बाद प्रधानमंत्रीजी ने मेरी अध्यक्षता में एक कमेटी बनाई है। इन्फ्रास्ट्रक्चर से संबंधित सभी समस्या को सुलझाया गया है, जिसमें रेल संबंधी तथा पर्यावरण से संबंधित अब कई समस्याएँ हल हुई हैं। हमारे जो प्रोजेक्ट्स stuck up हो गए थे, उसमें से 80 प्रोजेक्ट streamlined हो गए हैं, 40 प्रोजेक्ट खत्म कर दिए हैं। कुछ प्रोजेक्ट्स ऐसे भी थे, जिनका कोई समाधान हम नहीं निकाल सकते थे, ऐसे 26 प्रोजेक्ट्स के ऊपर क्या निर्णय लिया जाना चाहिए, इसके लिए कैबिनेट को नोट भेजा गया है। काम में गलती करनेवाले ठेकेदार के ऊपर पैनल्टी का विकल्प है और उनके ऊपर कार्रवाई भी होती है। इसलिए आज इस व्यवस्था को ही बदलने के लिए कई महत्त्वपूर्ण कदम उठाए जा रहे हैं। जिनमें मॉडल एग्रीमेंट में बदलाव, निर्णय के लिए व्यवस्थित नीति और सड़क निर्माण के काम में रुकावट न आए इसके लिए 80 प्रतिशत भूमि अधिग्रहण के बाद वर्क ऑर्डर देने की नीति बनाई गई है। इस तरह का बदलाव करके हमने लगभग 85 से 90 प्रतिशत समस्या हल की है। आपको यह बताते हुए खुशी हो रही है कि करीब 3 लाख 90 हजार करोड़ की परियोजना टेकअप हुई थी और उसमें से काफी हमने स्ट्रीमलाइन किए हैं। काफी क्लियरेंसेज मिले हैं, फिर भी उसके कारण ब्याज बढ़ा है, प्रोजेक्ट की लागत बढ़ी है, कुछ ठेकेदार काम छोड़कर चले गए हैं, कुछ जगह 'गोल्डन शेक हैंड' करके टर्मिनेशन किया गया है, भूमि अधिग्रहण की प्रक्रिया में तेजी लाई गई है। हम हर तरह की समस्या का हल निकालकर इसको आगे ले जाने की कोशिश कर रहे हैं। अभी देश में नेशनल हाईवे का काम प्रतिदिन 11 किमी. हो रहा है। मार्च अंत तक 15 किमी. पहुँच जाएगा। चालू साल में आठ हजार किलोमीटर के नए वर्क ऑर्डर हमने दे दिए हैं। हमने 2 साल के अंदर 30 किमी. प्रतिदिन नेशनल हाईवे बनाने का संकल्प लिया है।

श्री हुसैन दलवई : मैं मुंबई-गोवा मार्ग के बारे में कुछ कहना चाहता हूँ। पहले चरण में 10 किलोमीटर की सड़क छोड़कर बाकी वैसी-की-वैसी है। उसमें आधा-अधूरा काम हुआ है, जिससे वहाँ बड़े पैमाने पर दुर्घटना हो रही है। इससे लोगों को बड़ी परेशानी हो रही है। उस काम के बारे में क्या होनेवाला है? अनंत गीतेजी भी अभी यहाँ बैठे हुए हैं। वे भी बराबर बोल रहे हैं। आप जल्दी-से-जल्दी कुछ करके क्या हमारे कोंकण के लोगों को राहत देने का काम करेंगे।

श्री नितिन गडकरी : सदस्य का सवाल बहुत महत्त्वपूर्ण है। मुंबई-गोवा मार्ग पर 15 पुल पर काम शुरू हो गया है। हमने मुंबई से गोवा हाईवे पर चार लेन कंक्रीट रोड बनाने का जो निर्णय किया है, उसका भी काम शुरू हो गया है। परंतु मैं सदन के सम्माननीय सदस्यों के विचार के लिए एक विषय रखना चाहता हूँ। इस मार्ग पर देश में सबसे ज्यादा दुर्घटना होती है। वहाँ रोज लोग मरते हैं। वहाँ करमाला नाम की एक छोटी जगह है। वहाँ काम करने के लिए कोई अनुमति नहीं मिलती तथा कई तरह की अड़चने आती हैं। वन एवं पर्यावरण की मंजूरी को लेकर पर्यावरण मंत्री के साथ दो बैठक हो चुकी है। मैं उम्मीद करता हूँ कि पर्यावरण मंत्री इसका कोई सही मार्ग निकालेंगे। आप जो 8-10

किलोमीटर रोड के बारे में कह रहे हैं, उसकी समस्या हल करने की हम पूरी कोशिश कर रहे हैं।

SHRI PAVAN KUMAR VARMA: I would like, through you, Sir ask from the Minister whether the Government has any independent monitoring mechanish on the amount collected for tolls. The toll is a burden on the users of the roads. The whole model agreement is based on what the private concessionaire earns. Do you have an independent monitoring system transparently and accurately accountable for toll collection?

श्री नितिन गडकरी : लोगों से टोल कोई खुशी से नहीं ले रहे हैं। सरकार के पास सड़क बनाने के लिए ज्यादा बजट नहीं है, इसलिए जब उसमें पब्लिक-प्राइवेट निवेश होगा, तो ब्याज के साथ टोल लेना ही पड़ेगा। परंतु सम्माननीय सदस्यों की जो भावना है, उस पर मैं बताना चाहूँगा कि एन.एच.आई. में पूरी पारदर्शिता के साथ टोल लिया जाता है। उसका पूरा हिसाब रखा जाता है और सी.ए.जी. के द्वारा उसका ऑडिट होता है। आनेवाले समय में सामान्य लोगों पर टोल की जो बाध्यता है, उसका समाधान निकालने के लिए हमारे विभाग ने अध्ययन किया है। अध्ययन रिपोर्ट लगभग पूरी हो चुकी है, उसे प्रधानमंत्रीजी और कैबिनेट के सामने प्रस्तुत किया जाएगा। उसके बाद लोगों को क्या राहत दी जा सकती है, इस पर विचार किया जाएगा।

□

इ-रिक्शा से बढ़ेगा रोजगार, घटेगा प्रदूषण

मोटर व्हीकल संशोधन विधेयक-2015 सदन में विचार के लिए लाया गया। जिस पर बहस के दौरान केंद्रीय पोत परिवहन एवं सड़क परिवहन, राजमार्ग मंत्री श्री नितिन गडकरी द्वारा विधेयक की आवश्यकता और उपयोगिता से सदन को अवगत कराया गया। सदन में माननीय सांसदों द्वारा रखी गई चिंता और दिए गए सुझाव पर भी श्री नितिन गडकरी की तरफ से जवाब दिया गया।

STATUTORY RESOLUTION DISSPPROVING THE MOTOR VEHICLE (AMENDMENT) ORDINANCE 2015 (NO.2 OF 2015)

AND

THE MOTOR VIHICLES (AMENDMENT) BILL, 2015

DEPUTY CHAIRMAN: Shri Nitin Jairam Gadkari to move the Bill.

THE MINISTER OF ROAD TRANSPORT AND HIGHWAYS SHRI NITIN GADKARI : Sir, I beg to move:

" That the Bill further to amend the Motor Vehicles Act, 1988, as passed by Lok Sabha, be taken into consideration."

श्री नितिन गडकरी : इ-रिक्शा के इस महत्त्वपूर्ण बिल पर सम्माननीय सदस्यों ने जो समर्थन किया, मैं सभी को धन्यवाद देता हूँ। जो सुझाव दिए गए हैं, उनके ऊपर भी सरकार निश्चित रूप से विचार करेगी। यह बात सच है कि आदमी द्वारा आदमी को ढोना अमानवीय प्रथा है। डॉ. राममनोहर लोहियाजी

और पंडित दीनदयाल उपाध्यायजी की इस बारे में चिंता रही है। अनुमान के मुताबिक भारत में लगभग एक करोड़ से ज्यादा लोग साइकिल रिक्शा चलाते हैं अथवा सामान ढोने के लिए रिक्शा का प्रयोग किया जाता है। यह प्रथा बंद होनी चाहिए, क्योंकि यह अमानवीय प्रथा है। यह भी सच है कि साइकिल रिक्शा या इ-कार्ट चलाने वाला व्यक्ति गंभीर बीमारी टी.बी., कैंसर से पीड़ित हो जाता है। इससे मनुष्य की आयु भी घट जाती है। मुझे इस बात की खुशी है कि ऊर्जा चालित रिक्शा को लेकर करोड़ो गरीबों के हित में इस सदन ने ऐतिहासिक और परिवर्तनकारी निर्णय लिया है। सदन में जितने भी सुझाव आए हैं, वे सब इसकी गाइड लाइन में आ गए हैं। लेकिन मैं आप सबको बताना चाहूँगा कि इस बिल को लाने की आवश्यकता इसलिए हुई कि जब केंद्र में हमारी सरकार आई और मैं मंत्री बना, तब मैंने सोचा कि इ-रिक्शा और साइकिल रिक्शा की तुलना होनी चाहिए। इसलिए मैंने मोटर व्हीकल ऐक्ट से इ-रिक्शा को निकाल दिया। क्योंकि मुझे लगा कि यदि इसे मोटर व्हीकल ऐक्ट में रखा गया, तो कई तरह की कानूनी दिक्कतें आएँगी। तब मैंने यह निर्णय अच्छी भावना से किया था, लेकिन बाद में किसी ने हाई कोर्ट में जनहित याचिका डाल दी और उस पर हाई कोर्ट ने स्थगन दे दिया। हाई कोर्ट द्वारा स्थगन देने के कारण दिल्ली में कई जगहों पर पुलिस द्वारा इ-रिक्शा जब्त कर लिये गए। इससे अनेक गरीबों को कठिनाइयों से गुजरना पड़ा। हाई कोर्ट में मामले की सुनवाई के दौरान प्रश्न खड़ा किया गया कि दुर्घटना में बीमा का क्या होगा। तब मोटर व्हीकल ऐक्ट के कानूनी प्रावधान कोर्ट में प्रस्तुत किए गए, जिस कारण हमें कुछ कानूनी परिवर्तन भी करने पड़े। हाई कोर्ट के निर्णय के बाद इ-रिक्शा कॉमर्शियल लाइसेंस में आ गया। जिसमें प्रावधान था कि इ-रिक्शा वालों को एक साल का लर्निंग लाइसेंस

"नितिन गडकरी साहब, आपके आने के बाद मुझे विश्वास है कि देश में जो रिक्शा चालक हैं, आज टेक्नोलॉजी इतनी एडवांस हो गई है कि इसमें लाखों नहीं, करोड़ों लोग लगे हुए हैं। लोहार और बढ़ई, जो गाँव में बेकार और बेरोजगार हुए हैं, जो दस्तकार थे, वे अधिकांश इसमें लगे हैं, उन्हें इसका लाभ होगा।"

श्री शरद यादव (राज्यसभा सदस्य, बिहार)

आपके जरिए राज्य सरकारों से अनुरोध करता हूँ कि वे भी ड्राइविंग लाइसेंस के लिए कैंप लगाएँ और लोगों को प्रोत्साहित करें। माननीय सांसद द्वारा दुर्घटना का सवाल उठाया गया है। देश में पाँच लाख सड़क दुर्घटनाएँ होती हैं, जिनमें डेढ़ लाख लोगों की मृत्यु हो जाती है और तीन लाख लोग अपंग हो जाते हैं। विश्व में सबसे ज्यादा दुर्घटना वाले देशों के प्रथम क्रम पर दुर्भाग्य से हमारे देश का नाम है। यह अच्छी बात नहीं है। इसलिए आपने जो बात कही है, उसमें सुरक्षा के लिहाज से हम इंस्टीट्यूशन बना रहे हैं। फिल्म अभिनेता आमिर खानजी से मेरी बात हुई है, वे मुझसे मिले हैं। हम लोग दुर्घटना रोकने के लिए बेहतर प्रचार प्रणाली पर चर्चा किए हैं। मैं पहली बार संसद् में आया हूँ। छह माह से इस दिशा में काम कर रहे हैं। इस ऐक्ट को बनाने में हमने अमरीका, कनाडा, यू.के., जापान, जर्मनी और सिंगापुर—इन छह एक्सपर्ट्स वर्ल्ड बैंक से सलाह लिया है। इसके अलावा सॉलिसिटर फर्म तथा 15–20 सेवानिवृत्त अधिकारियों से रायशुमारी करके तीन माह में इस कानून को पूरा किया है। यह कानून अभी कैबिनेट के सामने आनेवाला है, सभी विभागों में जाएगा इसके बाद विधेयक लाया जाएगा। इस विधेयक में इंटेलीजेंट ट्रैफिक सिस्टम है। 50,000 की आबादी के ऊपर, 100 शहरों में कैमरे लगेंगे। चाहे मंत्री हो, नेता हो या अभिनेता हो, कोई भी हो, जो भी नियम का उल्लंघन करेगा, तुरंत उसकी फिल्म निकलेगी और उसको 24 घंटे के अंदर जुरमाना लगेगा। अगर वह कोर्ट में अपील करेगा और सच निकला तो फाइन तीन गुणा बढ़ेगा। अब कोई मैनेज नहीं कर सकता, क्योंकि चौक पर वह सिस्टम लगेगा। ड्राइविंग लाइसेंस के लिए हमने पूना, कोलकाता, राजस्थान में सेंटर शुरू किए हैं। मैं आपको बताना चाहूँगा कि ऐसे दस हजार सेंटर हम देश में खोलना चाहते हैं। यह बात सही है कि देश में तीस प्रतिशत लाइसेंस बोगस हैं, डुप्लीकेट हैं और दुर्घटना होने का कारण भी हैं। मैं कभी–कभी लोगों से पूछता हूँ कि आप में से कितने लोग हैं, जिन्होंने आर.टी.ओ. ऑफिस में जाकर परीक्षा देकर ड्राइविंग लाइसेंस हासिल किया है? मैं अगर यह सवाल आपसे करूँ तो मुझे मालूम है कि आपके लिए भी वह दिक्कत वाला हो सकता है, क्योंकि यह पद्धति बहुत गलत है। इसलिए अब जो व्यवस्था तैयार की गई है, उसमें कंप्यूटर परीक्षा लेगा और कंप्यूटर की परीक्षा में पास होनेवाले

"आप नागपुर से आते हैं और मैं जबलपुर से आता हूँ, तो वहाँ हम देखते हैं कि कितने रिक्शेवाले हैं और उनकी क्या हालत है? आपका यह कानून ठीक है, लेकिन मैं आपके माध्यम से यह कहना चाहता हूँ कि अगर आप रिक्शावालों के बारे में चिंता करें तो करोड़ों लोगों की चिंता हो जाएगी। इस देश में अगर कोई कौशल श्रमिक है, तो वह ड्राइवर ही है, इसलिए उसे अच्छे से और सहानुभूति से देखना चाहिए, यह मेरी आपके माध्यम से विनती है।"

श्री शरद यादव (राज्यसभा सदस्य, बिहार)

को लाइसेंस मिलेगा। हम लोग आठ से दस हजार निजी सेंटर आउटसोर्स कर रहे हैं। क्योंकि जो आर.टी.ओ. है, वहाँ पर लक्ष्मी दर्शन इतने बड़े पैमाने पर होता है कि सामान्य व्यक्ति को तकलीफ होती है, उसे मैं अनुभव कर चुका हूँ। यह व्यवस्था बहुत से लोगों को तकलीफ देने वाली है। इसको हमने इ-गवर्नेंस के साथ जोड़ा है। जो ड्राइविंग लाइसेंस इंस्टीट्यूट है, उसको फिटनेस सर्टिफिकेट और ड्राइविंग लाइसेंस देने का अधिकार होगा। वह ऑटोमोबाइल से संबंधित कौशल विकास के कोर्सेज चलाएगा। पाँच एकड़ की जमीन जिसके पास होगी। उसे ड्राइविंग लाइसेंस इंस्टीट्यूट चलाने को दिया जाएगा। ड्राइविंग लाइसेंस की परीक्षा पास करने के बाद, कंप्यूटर का सर्टिफिकेट इ-मेल से ऑफिस में जाएगा। अगर तीन दिन के अंदर सरकारी दफ्तर में उस अधिकारी ने लाइसेंस जारी नहीं किया तो उसके खिलाफ कार्रवाई होगी। इस प्रकार अगर वह अधिकारी तीन दिन में लाइसेंस नहीं देगा तो उसके खिलाफ कार्रवाई का प्रावधान हमने किया है। देश में 22 प्रतिशत चालक की कमी हैं। दुर्भाग्य से देश में अच्छे चालक नहीं मिल रहे हैं। गाँव के गरीब, किसान के बेटे और मजदूर के बेटे को यदि प्रशिक्षण मिलता है तो उससे रोजगार बढ़ेगा। अभी हमने गुड्स ऐंड ट्रांसपोर्ट का राष्ट्रीय परमिट ऑनलाइन कर दिया है। मैं, सख्त नियम लेकर आया, उस समय महाराष्ट्र के एक शहर के पाँच सौ लोग, (मैं उस शहर का नाम तो नहीं बताऊँगा) जो एजेंट के रूप में काम करते हैं, वे एसोसिएशन बनाकर मेरे पास आकर कहने लगे कि हम दलाल हैं, हम आर.टी.ओ. में काम करते हैं, हमें

नियमित करें। मैंने कहा कि यह काम मैं नहीं करूँगा, मैं आपको रोजगार देता हूँ। आप यह ड्राइविंग इंस्टीट्यूट ले लें, आप अलग काम करें। तो उन्होंने कहा कि मैं यह काम नहीं करूँगा। मेरा आपसे अनुरोध है कि इस प्रकार की बात हर शहर में है। देश भर के सभी आर.टी.ओ. में इस प्रकार के काम करनेवालों की संख्या लाखों में है। आजकल वे कोई भी काम एजेंसी के मार्फत ही करते हैं, बाकी तो आपको पता ही है। हम राजनीतिक इच्छाशक्ति के साथ काम करना चाहते हैं। दिक्कत यह है कि मैंने राज्य के परिवहन मंत्रियों की बैठक बुलाई और उनके सामने नया ऐक्ट प्रस्तुत किया। अधिकारी चेकपोस्ट पर पैसा वसूली करते हैं, उन्होंने राज्य के परिवहन मंत्रियों से कहा कि नया ऐक्ट राज्य सरकारों के अधिकारों का हनन करेगा। इस तरह के नए-नए हथकंडे अपनाए जा रहे हैं। नया ऐक्ट लाने के खिलाफ मेरे पुतले भी फूँके गए हैं। हालाँकि इससे मुझे कोई फर्क नहीं पड़ेगा। मैं आपको सावधान करना चाहता हूँ कि जो भ्रष्ट तंत्र है, वह सरकार पर दबाव बनाने के लिए नए-नए नाटक कर रहा है। ये मेरे पास भी बहुत बार आए हैं। आप इनको प्रोत्साहित न करिए।

प्रो. राम गोपाल यादव : माननीय मंत्रीजी यह भ्रष्ट तंत्र इतना ताकतवर है कि यह मंत्रियों को हटवा सकता है। मैं आपको बताना चाहता हूँ कि आपको बहुत सावधान रहने की जरूरत है।

श्री नितिन गडकरी : मैं आपको विश्वास दिलाता हूँ कि मुझे खरीदने वाला 'कोई माई का लाल पैदा नहीं हुआ है।' मैं आपको यह भी बताना चाहता हूँ कि इसी सत्र में···

प्रो. राम गोपाल यादव : मैं आपकी बात नहीं कर रहा हूँ।

श्री नितिन गडकरी : आपकी बात बिल्कुल सही है। एक राज्य के आर. टी.ओ. ऑफिसर्स एसोसिएशन के लोग मेरे पास आए और मेरे ऑफिस में मेरे गले में सोने का हार डाल दिए। मैंने पूछा कि यह पीतल का है या सोने का? उन्होंने कहा कि यह सोने का है। मैंने उसे उतारकर उनके हाथ में रख दिया। मैं यह इसलिए बता रहा हूँ कि आप जो कह रहे हैं, वह गलत नहीं है। विधेयक रोकने के लिए हर तरह के प्रयास किए जा रहे हैं। इसलिए मैं आप सभी से आग्रह करता हूँ कि आर.टी.ओ. ऑफिस को भ्रष्टाचार मुक्त करनेवाला अंतरराष्ट्रीय

मानक का कानून जो यू.के., अमेरिका और कनाडा से मिलता-जुलता है, उसे हम ला रहे हैं। 1988 का जो कानून है, यह कचरे में डालने लायक है। I am sorry to use this word. मैं जब नया-नया मंत्री बना, तो पहली बार सचिव इसकी फाइल लेकर आए। मैंने फाइल देखी और सचिव से कहा कि जाते समय इसको ऑफिस मत ले जाइएगा, इसको कचरे में फेंक दीजिएगा और आगे से इस फाइल को मेरे पास मत लाइएगा। उस कानून में इतनी ज्यादा कमियाँ हैं कि लोगों की जानें जा रही हैं, डुप्लीकेट लाइसेंस बन रहे हैं।

श्री नरेश अग्रवाल : माननीय मंत्रीजी, सर्वोच्च न्यायालय ने जो 10 टन का आदेश पारित किया है, वह भ्रष्टाचार का बहुत बड़ा कारण है। उसके बारे में भी आप कुछ विचार कीजिएगा।

श्री नितिन गडकरी : बिल्कुल करेंगे। मैं आपको बताना चाहता हूँ कि एक मार्च से हमने इ-टोल शुरू कर दिया है। इ-टोल में बिना रुके भुगतान हो जाएगा। इससे समय और ईंधन दोनों की बचत होगी। जैसे कोई ट्रक या गाड़ी मुंबई से दिल्ली जाती है। इसके बीच में 18 टोल हैं और एक टोल पर 10 मिनट रुकना पड़ता है, तो 18 टोल पर 180 मिनट का समय लगता है। इस बारे में आई.आई.एम. कोलकाता और ट्रांसपोर्ट कॉरपोरेशन ऑफ इंडिया ने रिपोर्ट दी है। उन्होंने कहा कि टोल पर रुकने के कारण सात हजार करोड़ का पेट्रोल, डीजल का नुकसान होता है। टोल पर रुकने के कारण 88 हजार करोड़ रुपए का नुकसान होता है। मैं आपको बताना चाहूँगा कि मैंने 75 टोल निरस्त कर दिए हैं। आपको शायद पता नहीं होगा कि जो छोटे टोल थे, वे खत्म कर दिए हैं। मैं 60 और टोल के बारे में सोच रहा हूँ कि इनको कैसे निरस्त करना है। जो साढ़े तीन सौ टोल हैं, उनमें से 200 इ-टोल में परिवर्तित हो गए हैं। हमने आई.सी.आई. सी.आई. और एक्सिस बैंक के साथ ज्वॉइंट वेंचर करके एक कंपनी खोली है। हमारा विभाग कह रहा था कि इसमें 900 करोड़ रुपए लगेंगे। हमने आई. सी.आई.सी.आई. और एक्सिस बैंक के साथ मिलकर कंपनी बनाई, उन्होंने पूरा पैसा लगाया, हमने एक रुपया भी सरकार का नहीं लगाया और उलटा डेढ़ सौ करोड़ रुपए साल का फायदा शुरू हो गया। यह पूरी व्यवस्था स्टीकर के ऊपर चलती है। इसी तरह से वजन तौलने के लिए हमने वेइंग ब्रिज लगाया है। अभी

एक मार्च से साढ़े तीन सौ टोल पर वेइंग ब्रिज लग रहे हैं। वेइंग ब्रिज में ट्रक का वजन होगा। सेटेलाइट से तुरंत एक सेकेंड के अंदर उसकी एंट्री आएगी कि ट्रक में कितना माल है। अब कोई किसी को नहीं बचा सकता है। उसमें वजन ज्यादा होगा, तो उस पर कार्रवाई होगी। लेकिन मैं हर काम आपसे सुझाव लेकर करूँगा। हाई सिक्योरिटी नंबर प्लेट की बात कही गई है। इसमें भी कलाकारी है। किसी राज्य में 70 रुपए में नंबर प्लेट है, तो दूसरे राज्य में वही नंबर प्लेट 450 रुपए में खरीदी गई। कहीं पर तो 1800 रुपए में भी खरीदी गई है। आप जो मामला बता रहे हैं, मैं इसको सुलझाना चाहता था और रेट निर्धारण करना चाहता था।आपने सुना होगा कि हमने सीमेंट कंक्रीट का रेट कॉन्ट्रैक्ट किया और 95 लाख टन सीमेंट खरीदा। 103 सीमेंट उत्पादक कंपनियों ने हमें केवल 120 रुपए प्रति बैग के हिसाब से सीमेंट दिया है। आपको 120 रुपए प्रति बैग खरीद की बात पर शायद विश्वास नहीं होगा। जबकि आज प्रति बैग मार्केट रेट 350 रुपए हैं और हमारा रेट 120 रुपए। यह रेट without tax और without transport है। आज हमारे अपने पोर्टल का inauguration है। चाहे कोई भी स्टेट हो, कहीं की भी Municipal Corporation हो, वे हमारे पोर्टल पर जाए और वहाँ जाकर वे ऑर्डर कर सकते हैं। हम पूरे-के-पूरे सिस्टम को कंप्यूटराइज्ड कर रहे हैं। आपको 140, 150 रुपए का सीमेंट बैग मिलेगा। Bitumen road 12-15 per cent सस्ते हो जाएँगे। इसको कोई भी इस्तेमाल कर सकता है। हम निश्चित रूप से इसमें इसी प्रकार का सिस्टम लाएँगे। मैं आप से एक और बात कहना चाहूँगा कि राज्य सरकार और केंद्र सरकार दोनों को मिलकर काम करना है, क्योंकि यह विषय Concurrent List में है। यह काम राज्य सरकार के सहयोग के बिना नहीं हो पाएगा। जो राज्य सरकारें हैं, वे चालक-मालिक होंगी अर्थात् जो चलाएगा, उसी को लाइसेंस मिलेगा। जिसको लाइसेंस मिलेगा और जो चलाएगा, उसी को zero per cent loan मिलेगा।

> ‘‘*नितिन गडकरीजी, हमेशा इनोवेटिव मिनिस्टर माने जाते हैं, जब महाराष्ट्र में थे तब भी हाईवे के लिए इन्होंने काफी कुछ नए आइडियाज लगाए, यहाँ आकर भी इन्होंने ये चीजें शुरू कीं।*’’
>
> **श्री राजीव शुक्ल (राज्यसभा सदस्य, महाराष्ट्र)**

तीन से चार प्रतिशत केंद्र की स्कीम का है, तीन से चार प्रतिशत राज्य सरकार भी वहन कर सकती है। इसके साथ-ही-साथ जो 'ई-कार्ट' है, वे उसमें 300 क्विंटल का माल ले जा सकते हैं। हमने इसमें एक ड्रेस कोड निश्चित कर आई कार्ड दिया है। इ-रिक्शा के ऊपर नंबर भी लगेगा और उसका कंप्यूटराइज्ड डाटा होगा। हमें सभी प्रकार की चिंता है और इसीलिए इसको इ-गवर्नेंस के साथ जोड़ा है। आपने मुझे जो भी सुझाव दिए हैं, लगभग उन सभी सुझावों पर विचार हुआ है। आपकी स्पीड ब्रेकर की बात सही है। मुझे भी स्पीड ब्रेकर की पहेली समझ में नहीं आ रही। मैं आपको विश्वास दिलाना चाहता हूँ कि नेशनल हाईवे स्पीड ब्रेकर्स विहीन किए जाएँगे। हम हाईवे पर जर्मन, जापान और अमरीकन तकनीक का प्रयोग करेंगे, जिसमें रिफ्लेक्शन होता है जैसे कुछ उठा हो, लेकिन होता नहीं है, हम सड़क पर नई तकनीक का प्रयोग करेंगे। प्रदूषण रोकने के लिए हम बायो डीजल, बायो गैस, इथनॉल और इलेक्ट्रिक बस और गाड़ियाँ लाने के लिए प्रोत्साहित कर रहे हैं। जब इ-ऑटोरिक्शा आ जाएगा, तो कार्बन-मोनोऑक्साइड और कार्बन-डाइऑक्साइड का प्रदूषण निश्चित रूप से खत्म होगा। मैं, सदन के सभी सम्मानित सदस्यों को धन्यवाद देता हूँ कि गरीब हितकारी इस कानून से एक करोड़ लोगों को फायदा होगा और उनको रोजगार मिलेगा। आप सभी ने मिलकर इस कानून को समर्थन दिया है, मैं इसके लिए आपको पुन: धन्यवाद देता हूँ और आपका आभार मानता हूँ।

DEPUTY CHAIRMAN: Now, the Statutory Resolution is to be put to vote first and then I will put the Motion moved by the Minister to vote. Let us go by the procedure. Now Shri Subbarami Reddy.

DR. T. SUBBARAMI REDDY: Sir, I would like to congratulate the Minister. He has made the entire House support him. He has progressively come forward. He has explained all the points. All have become very happy. Except for the Ordianance route, we support. We agree that there was urgency and emergency and immediate action was required. Our Party was not happy on the Ordinance route. Otherwise, we support the Bill. That is why, I am withdrawing my Resolution.

MR. DEPUTY CHAIRMAN: Now, does he have the

unanimous leave of the House to withdraw the Resolution?

The Resolution was, by leave, withdrawn.

MR. DEPUTY CHAIRMAN: So, the Resolution is withdrawn with the consent of the House.

The other motion is not even introduced, regarding the Select Committee. That is not even introduced. That is why I am not considering that.

Now the question is:

That the Bill further to amend the Motor Vehicles Act, 1988, as passed by Lok Sabha, be taken into consideration.

The motion was adopted.

MR. DEPUTY CHAIRMAN: We shall now take up Clause-by-Clause consideration of the Bill.

Clauses 2 to 6 were added to the Bill.

Clause 1, the Enacting Formula and the Title were added to the Bill.

SHRI NITIN JAIRAM GADKARI: Sir, I be to move:

That the Bill be passed.

The question was put and the motion was adopted.

□

मिथ्या आरोप, स्पष्ट तथ्य
(PERSONAL EXPLANATION)

अपने कार्य को पूरी ईमानदारी और जिम्मेदारी से करना नितिन गडकरी की खासियत है। इसीलिए संसद् के अंदर और बाहर वे अकसर यह कहने से नहीं हिचकते कि जिस काम की घोषणा किया है, उसे समय पर पूरा नहीं करूँ, तब प्रश्न खड़ा किया जाए, लेकिन राजनीति में आरोप-प्रत्यारोप का रिवाज बन गया है। विपक्ष की तरफ से सवाल उठाकर उन्हें आरोप से घेरने की कोशिश की गई। आरोप से सदैव परहेज रखनेवाले श्री गडकरी द्वारा सदन में उपस्थित होकर स्पष्ट किया गया कि उन पर लगाया गया आरोप तथ्य से परे केवल राजनीति से प्रेरित है।

कुछ सम्मानीय सदस्यों ने पिछले दिनों सदन के पटल पर रखी गई एक सी.ए.जी. रिपोर्ट के संदर्भ में मेरे ऊपर कुछ आरोप लगाए। सी.ए.जी. की यह रिपोर्ट इंडियन रिन्यूएबल एनर्जी डेवलपमेंट एजेंसी (इरेडा) द्वारा 29 कंपनियों को लोन दिए जाने में अपनाई गई प्रक्रिया पर ऑडिट रिपोर्ट है। ये सभी लोन वन टाइम सेटलमेंट प्रक्रिया के तहत निपटाए गए थे। सी.ए.जी. की इस ऑडिट रिपोर्ट में लोन के किसी भी प्रकार से गलत इस्तेमाल, हेरा-फेरी या फिर भ्रष्टाचार की बात नहीं की गई है। कुछ सदस्यों ने यह मुद्दा, खासकर पूर्ति साखर कारखाना को दिए गए 13 साल पुराने लोन को लेकर उठाया है। इस पूर्ति साखर कारखाने से मैं 2000 से 2011 के बीच बतौर अध्यक्ष जुड़ा था। यह लोन इरेडा ने वितरित किया था, वन टाइम सेटलमेंट प्रक्रिया 2008-2009 में अपने

वैध मानक के अंतर्गत पूरी हुई थी। उस समय यू.पी.ए. की सरकार थी। मैं यह भी बता दूँ कि उस समय मैं न तो सांसद था और न ही भारत सरकार में किसी पद पर था। पूर्ति साखर कारखाना के अध्यक्ष पद से मैंने 2011 में इस्तीफा दे दिया था, तब से मैं इससे जुड़ा नहीं हूँ। हालाँकि सी.ए.जी. द्वारा उठाए गए सभी सवालों का जवाब इरेडा को देना है, लेकिन सदन में कुछ सम्माननीय सदस्यों ने व्यक्तिगत तौर पर मेरे खिलाफ और 2008-2009 के बीच पूर्ति साखर कारखाना के खिलाफ आरोप लगाए हैं। इसलिए इससे संबंधित जानकारी के साथ मैं अपनी बात रखना चाहता हूँ। इस विषय से संबंधित सभी दस्तावेज हमने पूर्ति साखर कारखाने से हासिल किए हैं, जिसे मैं सदन से साझा करना चाहूँगा। सभी कंपनियों को लोन का वन टाइम सेटलमेंट की वैध प्रक्रिया के तहत निपटारा किया गया है, जो कि बैंकिंग, वित्त व्यापार का संचालन करने के लिए एक वैध व्यावसायिक उपकरण के रूप में वित्तीय संस्थाओं द्वारा इस्तेमाल किया जाता है।

इस प्रक्रिया में किसी भी लोन लेने वाले ने विशेषकर पूर्ति साखर कारखाने ने तो किसी प्रकार की अनियमितता नहीं बरती और न ही इसमें किसी प्रकार का घोटाला हुआ। ऑडिट रिपोर्ट में इरेडा ने जो प्रक्रिया अपनाई, उसमें कुछ खामियों और अनियमितताओं का आरोप है। इस पर इरेडा ने अपना स्पष्टीकरण दिया है। पूर्ति साखर कारखाना ने किसी भी प्रकार की अनियमितता नहीं की और न ही इरेडा के सामने गलत तथ्य रखे हैं। ऑडिट रिपोर्ट में भी इस तरह का कोई आरोप पूर्ति साखर कारखाने के खिलाफ नहीं है। पूर्ति साखर कारखाना ने अपने सभी लोन को वन टाइम सेटलमेंट योजना के तहत सभी तरीके से चुकाया। कुल देनदारी और ब्याज के बड़े हिस्से के 84.81 प्रतिशत इरेडा को पूरी ईमानदारी के साथ लौटाया है। कृपया ऑडिट रिपोर्ट का चार्ट देखा जा सकता है। लोन की मूल राशि 46.63 करोड़ थी। सही तरीके से ब्याज के प्रमुख हिस्से को इरेडा को चुकाया गया था। कुल देनदारी का 84.81 प्रतिशत चुकाया गया है, जबकि बाकी कंपनियों की कुल देनदारी की औसत रिकवरी 46.75 प्रतिशत है। इससे यह साफ होता है कि पूर्ति साखर कारखाना ने इरेडा के लोन को मूल और ब्याज सहित चुका कर सही व्यावसायिक प्रक्रिया का परिचय दिया है। 29 में से 18 मामलों में ब्याज का एक भी रुपया वसूल नहीं किया गया है। यह कम वसूली

Annual Mee
WORLD
ECONOMIC
FORUM

g 2017
WORLD
ECONOMIC
FORUM

को दरशाता है। नौ मामलों में मूल ऋण भी नहीं चुकाया गया है। यह तुलना इस बात को साफ करती है कि इन सभी मामलों में पूर्ति साखर कारखाना का कुल देनदारी का रिकवरी प्रतिशत सबसे ऊपर है। सी.ए.जी. की ऑडिट रिपोर्ट पर इरेडा की प्रतिक्रिया भी सी.ए.जी. की रिपोर्ट का हिस्सा है, जिसमें कहा गया है कि इरेडा अपने लोन देने की प्रक्रिया के तहत खामियों को दूर करने के लिए आवश्यक कार्रवाई करती है। इरेडा ने अपने जवाब में भी यह कहा है कि वह सी.ए.जी. की टिप्पणियों से पूरी तरह सहमत नहीं है। पूर्ति साखर कारखाना ने साफ किया है कि उसने आई.आर.ई.डी.ए. के सभी दिशा-निर्देशों और नियमों का पालन किया है। पूर्ति साखर कारखाना व्यवसाय के नियम कानूनों का पालन करता है और कभी भी किसी गैर-कानूनी प्रक्रिया में लिप्त नहीं रहा। पूर्ति साखर कारखाना से मिली पूरी जानकारी संलग्न है। अंत में, मैं सदन को बताना चाहता हूँ कि सी.ए.जी. की रिपोर्ट में न कहीं मेरे ऊपर भ्रष्टाचार का कोई आरोप है और न ही मेरे खिलाफ प्रतिकूल टिप्पणी की गई है। पूर्ति साखर कारखाना के संबंध में भी इस रिपोर्ट में किसी अनियमितता अथवा भ्रष्टाचार की कोई बात नहीं है। मैं, सी.ए.जी. जैसी संवैधानिक संस्था का सम्मान करता हूँ, लेकिन सी.ए.जी. की रिपोर्ट के तथ्यों को जान-बूझकर तोड़-मरोड़कर अपने राजनीतिक स्वार्थ के लिए कुछ सदस्यों द्वारा देश की जनता को गुमराह करने का प्रयास किया जा रहा है। मेरा सम्मानीय सदन से विनम्र अनुरोध है कि सी.ए.जी. रिपोर्ट के मामले में सदन में पूर्व से चली आ रही प्रक्रिया का पालन किया जाना चाहिए। लोक लेखा समिति इस रिपोर्ट पर उपयुक्त समय पर विधिवत् बहस करेगी। यदि लोक लेखा समिति में इस मामले पर किसी भी प्रकार की अनियमितता सिद्ध होती है, तो कानून अपना काम करेगा। मैं बता देना चाहता हूँ कि हमें इसमें कोई सब्सिडी नहीं मिली है। हमने कोई गलत फायदा नहीं उठाया है। यह पूरी तरह से राजनीतिक रूप से प्रेरित होकर हो रहा है। मैं अपने इस वक्तव्य की एक कॉपी सभा पटल पर रखता हूँ।

□

जल-परिवहन से देश की होगी आर्थिक उन्नति

राष्ट्रीय जलपरिवहन विधेयक-2015 (THE NATIONAL WATER-WAYS BILL- 2015) सदन में विचार के लिए लाया गया। जिस पर बहस के दौरान केंद्रीय पोत परिवहन एवं सड़क परिवहन, राजमार्ग मंत्री श्री नितिन गडकरी द्वारा विधेयक की आवश्यकता और उपयोगिता से सदन को अवगत कराया गया।

THE MINISTER OF ROAD TRANSPORT AND HIGHWAYS SHRI NITIN GADKARI : Sir, I beg to move:

That the Bill to make provisions for existing national waterways and to provide for the declaration ofcertain inland waterways to be national waterways and also to provide for the regulation and development of the said waterways for the purposes of shipping and navigation and for matters connected therewith or incidental thereto, as passed by Lok Sabha, be taken into consideration.

The question was proposed.

DEPUTY CHAIRMAN: Now, Shri Shantaram Naik; your time is fifteen minutes.

SHRI SHANTARAM NAIK: Sir, I want five minutes more.

DEPUTY CHAIRMAN: No, there are two more speakers.

SHRI JAIRAM RAMESH: Sir, I just want to say one

SURVEY
TS 10 ED 1435

नहीं दिखता वहाँ शिप कहाँ पर चलेगा? मैं बताना चाहता हूँ कि गंगा में वाराणसी से हल्दिया तक हम तीन मीटर का ड्राफ्ट मेंटेन करनेवाले हैं। वर्ल्ड बैंक ने इस प्रोजेक्ट के लिए हमें 4,200 करोड़ रुपए दिए हैं। अगर आप हमारे इस आइडिया को समझ लेंगे, तो फिर आगे मैं आपको समझा सकूँगा कि उसमें पानी कैसे आएगा। 45 मीटर विड्थ की ड्रेजिंग करके हम कम-से-कम ढाई से तीन मीटर का ड्राफ्ट मेंटेन करेंगे और यह साल भर मेंटेंड रहेगा। इसमें हम 203 करोड़ रुपए ड्रेजिंग के लिए खर्चा कर रहे हैं। इसके बाद हम हल्दिया, साहिबगंज और वाराणसी में मल्टी मॉडल टर्मिनल बना रहे हैं। जिसके ऊपर 1,195 करोड़ रुपए से भूमि अधिग्रहण का काम पूरा हुआ है। अब यह मल्टी मॉडल हब क्या है? जैसे एयरपोर्ट होता है, जैसे रेलवे स्टेशन अथवा रेलवे पोर्ट होता है, बस स्टेशन अथवा बस पोर्ट होता है, वैसे ही यह वाटर पोर्ट है। अभी हमारे देश में यह काम नहीं हुआ है। हाँ, केरल में निश्चित रूप से इसकी कल्पना थी, इसलिए वहाँ पर थोड़ा बहुत डेवलपमेंट हुआ है। गंगा पर हम लोग मल्टी मॉडल हब बना रहे हैं। मल्टी मॉडल हब का मतलब है कि वहाँ पर रेलवे भी है, नेशनल हाईवे भी है और वाटर वेज भी है। इस तरह हमने 1,195 करोड़ रुपए से तीन मल्टी मॉडल हब का वर्क ऑर्डर टेंडर कर दिया है। मार्च के अंत से पहले, अर्थात् इसी माह से इस पर काम शुरू हो जाएगा। उत्तर प्रदेश में वाराणसी से हल्दिया तक, 100 करोड़ रुपए की लागत से हम लोग 20 फ्लोटिंग टर्मिनल बना रहे हैं। ये टर्मिनल फ्लोटिंग होंगे, जहाँ पैसेंजर बोट्स जा सकेंगी और लोग उतर सकेंगे। फरक्का में हम लोग 343.35 करोड़ रुपए का new navigational lock बना रहे हैं और इसके लिए हमने केंद्रीय जलसंसाधन मंत्रालय से जगह भी ले ली है। जब वहाँ पर नाव या शिप आएगी, तो वह ऊपर जाएगा, फिर नाव अंदर आएगी, फिर उसमें पानी आएगा, फिर वह बाहर निकल जाएगी और जैसा रेलवे का फाटक होता है, वैसा ही नेविगेशन का गेट होगा। हमारे देश में इसकी तकनीक नहीं है। वर्ल्ड बैंक ने हमको इसके लिए international engineers और कंसल्टेंट्स दिए हैं। जिनको यहाँ लाकर हमने यह रिपोर्ट

बनाई है। गाजीपुर में 150 करोड़ रुपए की लागत से हम टर्मिनल बना रहे हैं। फिर 1,000 करोड़ रुपए की लागत से 20 small terminals बना रहे हैं। हम कोलकता, झारखंड का साहिबगंज, वाराणसी, पटना और भागलपुर में स्मार्ट सिटी बना रहे हैं। इन पाँच जगहों पर RO-RO service बना रहे हैं। इसमें ऐसा है कि एक ही शिप में 15-20 ट्रक भी होंगे, 50-60 कारें भी होंगी, लेकिन ये सब नीचे होंगे, ऊपर लोग बैठेंगे। आप गोवा जाते हैं। जैसे ही आप अपनी गाड़ी लेकर भाऊचा धक्का से बैठेंगे, तो वह वहाँ से मांडवा जाएगा। आप 25 मिनट में मांडवा पहुँच जाएँगे। अन्यथा साउथ मुंबई से मुंबई-गोवा जाने में आपको ढाई घंटे का समय लगता है, लेकिन आप गाड़ी लेकर बैठे-बैठे मांडवा उतर कर मुंबई-गोवा आधे घंटे में पहुँच जाएँगे। हमने असम में ब्रह्मपुत्र नदी में यह शुरू कर दिया है। आठ-दस दिन पहले ही गुवाहाटी में उसका उद्‌घाटन किया है। इन पाँच जगहों पर RO-RO crossing के लिए हमने 100 करोड़ दिए हैं। अभी जैसे हवाई जहाज के लिए ए.टी.सी. (एयर ट्रैफिक कंट्रोल) है। हमने पहली बार रिवर ट्रैफिक कंट्रोल शुरू कर दिया है और इस रिवर ट्रैफिक कंट्रोल को RIS सिस्टम कहा है। अब सैटेलाइट का उपयोग करके फरक्का से लेकर हल्दिया तक अगर कोई छोटी सी नाव भी घूम रही है, तो आप टी. वी. के स्क्रीन पर उसे देख सकते हैं। मैंने एक माह पहले ही उस सिस्टम का उद्‌घाटन किया है। यह सिस्टम फरक्का से हल्दिया शुरू हो गया है। यह सिस्टम फरक्का से पटना और पटना से वाराणसी आनेवाले तीन-चार माह में पूरा हो जाएगा। बीस स्मॉल टर्मिनल के लिए 1,000 करोड़ और रिवर के लिए, जो बैंक प्रोटेक्शन है, उसके लिए भी हमने 250 करोड़ का प्रोविजन किया है। नाइट नेविगेशन, यानी रात को आने-जाने के सिस्टम के लिए 50 करोड़ की व्यवस्था की है। शिप रिपेयर ऐंड मेंटेनेंस व्यवस्था के लिए हमने 150 करोड़ रुपए दिए हैं। यह मैंने केवल गंगा की बात बताई। ब्रह्मपुत्र नदी में हमने काम शुरू कर दिया है। अगर आप गुवाहाटी जाएँगे, तो वहाँ पांडु जेट्टी है। दो दिन पहले मैंने उसका शिलान्यास किया है। वहाँ और अंडमान-निकोबार में हम लोग एक ड्राइ डॉक बना रहे हैं। वहाँ

का शिप अगर रिपेयर होकर कोलकाता आता है, तो जाने-आने के लिए 10 से 15 लाख रुपए खर्चा लगता है। अब दो लाख रुपए में ही रिपेयर होता है। ब्रह्मपुत्र पर 80 करोड़ खर्च करके हम 10 जगहों पर floating RO-RO jetty का निर्माण करने जा रहे हैं। हमने navigational aids के लिए पाँच करोड़ दिए हैं। आप सब माननीय सदस्यों ने बकिंघम कैनाल के बारे में पूछा है। तो बकिंघम कैनाल के लिए हम 450 करोड़ रुपए का काम कर रहे हैं। आंध्र प्रदेश सरकार को हमने भूमि अधिग्रहण के लिए बोल दिया है। अंग्रेजों के समय में यह कैनाल था। उसमें मुझसे गलती न हो जाए, क्योंकि मुझे ज्यादा जानकारी नहीं है। गोदावरी और कृष्णा दोनों नदियाँ बकिंघम कैनाल से मिलती हैं, तो इसे एक किया है और वहाँ से हम लोग इसका कार्य भी इसी साल में शुरू करने की कोशिश कर रहे हैं। इसमें आंध्र प्रदेश के मुख्यमंत्री श्री चंद्रबाबू नायडू विशेष रूप से प्रयत्नशील हैं और बकिंघम कैनाल का काम हम शुरू करेंगे। केरल में यह विकास हुआ है और पर्यटन के लिए बहुत अच्छे तरीके से उसका उपयोग हो रहा है। केरल की सरकार को और मुख्यमंत्रीजी को मैंने प्रस्ताव दिया है कि आप और हम मिलकर एक कंपनी बनाएँ, हम पैसा देंगे और हम और आप उसे चलाएँगे। उसके लिए भी विचार चल रहा है। अब एक सबसे महत्त्वपूर्ण बात प्रदूषण की है। पहली बार हमने तय किया है कि तेल के मामले में एल.एन.जी. हमारा भविष्य है। वह सस्ता भी है और प्रदूषण मुक्त भी है। इसलिए पहली बार कोच्ची शिपयार्ड ने अंडमान-निकोबार के लिए तीन catamaran तैयार किए हैं। तीनों catamaran hybrid हैं। वे डीज़ल पर भी हैं और एल.एन.जी. पर भी हैं। हम जितने वाटर पोर्ट्स बना रहे हैं, इन वाटर पोर्ट्स पर हम बड़े बंकर बनाने जा रहे हैं, जिनमें एल.एन.जी. होगी और जो एल.एन.जी. आएगी, उसके कारण वह कॉस्ट इफेक्टिव होगा और प्रदूषण मुक्त भी होगा। मैं ओड़िशा के बंधुओं को एक बात बताना चाहता हूँ। तालचर से पारादीप तक महानदी कोलफील्ड है। हमारे Mckinsey ने रिपोर्ट किया है कि यहाँ पर इनका कोल प्रोडक्शन अभी 60 मिलियन टन है। कोयला मंत्री के रिफॉर्म नीति से कोल प्रोडक्शन बढ़ रहा है। कोल प्रोडक्शन महानदी में 300 मिलियन टन होने जा रहा है। मैंने प्रस्ताव किया

है कि 300 मिलियन टन कोल प्रोडक्शन को वेस्टर्न कोर्ट में, यानी गुजरात और महाराष्ट्र में, एक-एक या डेढ़-डेढ़ लाख टन शिप में ले जाकर दें तथा गुजरात, महाराष्ट्र के पावर प्रोजेक्ट्स के अलावा दक्षिण में तमिलनाडु और कर्नाटक लेकर जाएँ तो इससे पावर की कॉस्ट एक रुपया प्रति यूनिट कम हो जाएगी। इससे आपके एक प्रोजेक्ट में 10,000 करोड़ रुपए की बचत है। हमारी चिंता सड़क सुरक्षा और प्रदूषण कम करने की है। देश में हर साल पाँच लाख सड़क दुर्घटना हो रही है। इसी तरह सर्वाधिक प्रदूषण भी है। दुर्भाग्य की बात है कि सड़क के लिए 55 हजार करोड़ का बजटीय प्रावधान है, जबकि शिपिंग, जिसमें प्रदूषण और दुर्घटना सबसे कम है, उसके लिए केवल 800 करोड़ का बजट है।

श्री भूपिंदर सिंह : 67 साल में हम जो नहीं कर पाए, इसलिए आपको धन्यवाद है।

श्री नितिन गडकरी : My first priority to waterways and coastal traffic. Second priority to Railways; and the third priority to road। मेरा एक-एक शब्द आप डायरी में लिखकर रखिए। मैंने जितनी घोषणाएँ की हैं। आप मेरी पूरी परियोजनाओं को लिख कर रखिएगा। अगर संबंधित तारीख तक काम पूरे नहीं होंगे तो आप मुझसे जरूर पूछें, मुझे कोई एतराज नहीं है। मैं,एक बात बताना चाहता हूँ। Inland Water Transport is an environment friendly and cost-effective mode of transportation which on development will have the potential to establish an optional mode of mix and reduce the logistic cost। पाँच वाटरवेज का काम हमने शुरू कर दिया है। संसद् की स्थायी समिति की तरफ से जो सुझाव दिए गए हैं, वे भी इसमें शामिल किए गए हैं। मैं, खुद किसानों के साथ मिलकर वाटर कंजर्वेशन में काम करता हूँ। जिस तरह के चैक डैम मोदीजी ने बनाए, वैसे ही हम अपने क्षेत्र में एन.जी.ओ. के साथ मिलकर बना रहे हैं। हमने बहुत अच्छा स्लोगन दिया है। 'बहने वाले पानी को चलने के लिए लगाओ, चलने वाले पानी को रुकने के लिए लगाओ और रुके हुए पानी को जमीन को पीने के लिए लगाओ।' देश में 70 प्रतिशत बरसात का पानी समुद्र में जा रहा है, उसके लिए विवाद नहीं होता है। मैं गुजरात की सीमावर्ती दो नदियों के बाढ़ के

पानी के प्रबंधन के लिए कांडला से नहर बनाने की सोच रहा हूँ। राजस्थान सरकार के सहयोग से मैं चाहता हूँ कि लगभग आठ सौ किलोमीटर से पानी ले जाकर पोर्ट बनाकर पाँच मीटर का डेप्थ करके एक वाटरवेज बनाया जाए। इससे सिंचाई का लाभ तथा congregation होने के बाद आसपास के जितने कुएँ होंगे, उनका जलस्तर बढ़ जाएगा। देश में सिंचाई का प्रतिशत कितना है? झारखंड में सबसे कम 5.6 प्रतिशत, महाराष्ट्र दूसरे स्थान पर है। वहाँ सिंचाई का रकबा सिर्फ 18.6 प्रतिशत है। हमारे यहाँ विदर्भ, मराठवाड़ा का झगड़ा है। झारखंड, छत्तीसगढ़, महाराष्ट्र, तमिलनाडु, आंध्र प्रदेश, तेलंगाना, गुजरात और मध्य प्रदेश में 46 प्रतिशत सिंचाई है। जबकि पंजाब, हरियाणा में 98 प्रतिशत है। पूरे प्रदेशों में अगर साल भर पानी की उपलब्धता रहेगी तो उसका किसानों को लाभ होगा। दूसरी अहम बात है कि जब पानी नहीं होगा तो मछली कहाँ से आएगी? इसलिए नदी में जब तीन मीटर पानी आएगा तो फिशरमैन के लिए फिश उपलब्ध होगी। हम कोई ट्रॉलर नहीं लाएँगे। यह आपका अधिकार होगा। ये वाटर पोर्ट्स जो बन रहे हैं, इनकी बगल में इंडस्ट्रियल एरिया होगा। वहाँ गोदाम, प्रीकूलिंग प्लांट, कोल्ड स्टोरेज होंगे। फरक्का की फ्लैश बँगलादेश को एक्सपोर्ट हो रहा है। बँगलादेश ने अभी ऐसा डिजाइन तैयार किया है कि जिस इंजन पर 15 सौ टन माल जाता था, उसमें पाँच हजार टन माल जा सकता है। जल-परिवहन से लगने वाले भाड़े को तो मैं 25 पैसे बोल रहा हूँ, लेकिन वह पाँच पैसे या दस पैसे भी हो सकता है। हमारी logistic cost इतनी कम होनेवाली है, जिसके कारण हमारे देश का उत्पादन मूल्य कम होगा और हमारा एक्सपोर्ट बढ़ेगा। हमारे नागपुर में संतरा होता है। उसे रेलवे से सीधे साहिबगंज ले जाएँगे। उससे आगे बँगलादेश के साथ करार किया है। इस तरह संतरा सहित कोई सामान ब्रह्मपुत्र से बँगलादेश, म्याँमार तक जा सकेगा। इनलैंड वाटरवेज के कारण विकास का नया द्वार खुलने वाला है। Environment ecology के हिसाब से हम पूरी चिंता कर रहे हैं। स्थानीय लोगों को रोजगार मिले, फिशरमैन को मछली मिले। उनके अधिकारों का संरक्षण हो। हम राज्य सरकार का कोई मिनरल नहीं निकालेंगे। राज्य सरकारों का जो अधिकार है, वह उनका रहेगा। अभी मैंने दिल्ली सरकार को भी

कहा है कि दिल्ली की बगल में हमारा 25 हजार करोड़ रुपए का रोड का काम शुरू हुआ है। मैंने उनको कहा कि यमुना में एन.एच.ए.आई. ड्रेजिंग करेगी। ड्रेजिंग करके उसका width तीन मीटर का draft तैयार होगा और उससे जो सैंड निकलेगा, उसे हम नेशनल हाईवे बनाने में इस्तेमाल करेंगे और जो बचेगा उस पर उनका अधिकार होगा। siltage के कारण बाढ़ आ रही है। बाढ़ का पानी गाँवों में घुस रहा है। अगर हम siltage कम करेंगे, draft बनेगा, तो बहुत revolutionary काम होगा। देश में पानी पर हवाई जहाज उतरे, ऐसी कोशिश में लगा हूँ। इस संबंध में हमारी बातचीत शुरू हो रही है और आप सबकी शुभेच्छाओं से यह काम जल्दी हो सकता है। आप बोट क्लब से सी प्लेन से उड़कर वाराणसी के एयरपोर्ट अथवा गंगा में उतर जाइए। इससे ट्रांसपोर्ट पूरा बदल जाएगा। हम कोचीन शिपयार्ड में एक अच्छी चीज के लिए शोध करा रहे हैं। वह जहाज और हवाई जहाज नहीं है। वह पानी के सात मीटर ऊपर 120 मीटर की स्पीड से दौड़ता है। उसकी क्षमता तीन से चार सौ लोगों को ले जाने की है। वह एकदम नया साधन है। जो हवाई जहाज की तरह नदी के सात मीटर ऊपर दौड़ेगा और वाटर पोर्ट पर उतरेगा। इस तरह से ट्रांसपोर्ट क्षेत्र में, पर्यटन क्षेत्र में परिवर्तनकारी काम होगा। मुझे लगता है कि इस देश में आनेवाले समय में 13 राज्यों की 14 हजार किलोमीटर की सी फ्रंट्स की नदियाँ यदि जुड़ती हैं तो उससे नया वाटर ग्रिड तैयार होगा। जिसमें ट्रांसपोर्ट भी होगा, सिंचाई भी बढ़ेगी। फिशरीज भी बढ़ेगी, उद्योग-व्यवसाय भी बढ़ेंगे। फिशरमैन के लिए रोजगार के नए साधन तैयार होंगे। इससे पर्यटन भी विकसित होगा। राज्य सरकारों के सहयोग से हम इसे आगे करना चाहते हैं। मैं, आप सब लोगों से प्रार्थना करता हूँ कि यह ऐतिहासिक शुरुआत हो रही है। आप सब सहयोग करें, यही आपसे प्रार्थना करता हूँ।

SHRI NITIN GADKARI: Sir, I move-

(3) That at page 2, line 18,**for** the figure ‘2015’, the figure ‘2016’ be **substituted.**

The question was put and the motion was adopted.

Clause 4, as amended, was added to the Bill.

Clause 5 was added to theBill.

The Schedule was added to the Bill

Clause 1-Short Title

DEPUTY CHAIRMAN: There is one Amendment in Clause 1 (No-2) by Shri Nitin Gadkari.

SHRI NITIN GADKARI: Sir, I move.

(2) That at page 1, line 2, **for** the figure '2015', the figure '2016' be **substituted.**

The question was put and the motion was adopted

Clause 1, as amended, was added to the Bill.

□

हाइवे पर होगी कैमरे से निगरानी

श्री मोहम्मद अली खान : माननीय मंत्रीजी ने बताया है कि आंध्र प्रदेश विधानसभा में Andhra Pradesh Maritime Board का प्रस्ताव पास होने के बाद मरकजी सरकार के पास आया है। मैं मरकज़ी सरकार के वजीर-ए-मौसूफ से यह जानना चाहता हूँ कि मरकजी सरकार की मंजूरी के बाद क्या सरकार, रियासती सरकार को logistic support देगी?

श्री नितिन गडकरी : आंध्र प्रदेश सरकार ने 18 जनवरी, 2016 को विधानमंडल में यह प्रस्ताव पास कर गृह मंत्रालय के पास भेजा है। इसके बाद हमने इसे बाकी विभागों की राय जानने के लिए भेजा है। यह विषय Concurrent list में है। राज्य में विकास के लिए Maritime Board बनाना बहुत आवश्यक है। मुझे ऐसा लगता है कि राज्यों की दृष्टि से इतना बड़ा procedure उनके हित में नहीं है, इसलिए हमने एक मॉडल ऐक्ट बनाकर सभी राज्यों को भेजा है। उसके अनुसार जब यह आएगा, तो इस पर तुरंत कार्रवाई हो सकती है, लेकिन इस प्रस्ताव पर आज चर्चा हुई है। हम जल्द-से-जल्द इसके ऊपर पूरी तरह से clearance करके राज्य सरकार को अनुमति भेजेंगे। सचिव स्तर पर एक Review Committee appoint करके और राज्य सरकार से सलाह करके इस नियम में बदलाव किया जा सकता है, हम इसके बारे में भी जरूर सोचेंगे।

श्री मोहम्मद अली खान : मेरा दूसरा सवाल है कि आंध्र प्रदेश की अलाहदा तंजीम के वक्त 13वें शैड्यूल में आंध्र प्रदेश के लिए दुर्गराजपट्टनम मेजर पोर्ट का ऐलान किया गया था। प्रथम चरण का काम 2018 तक पूरा करना था, लेकिन दो साल गुजरने के बाद भी मुझे जहाँ तक याद है, इस

पोर्ट का अभी आगाज नहीं हुआ है। मैं वजीर-ए-मौसूफ से जानना चाहता हूँ कि इसका काम कब तक शुरू होगा और क्या मरकजी सरकार इसके लिए राज्य सरकार को फंड का इंतजाम करेगी?

श्री नितिन गडकरी : इस पोर्ट के लिए 5,500 एकड़ भूमि अधिग्रहण की आवश्यकता है। हमने भूमि अधिग्रहण के लिए राज्य सरकार से सहयोग माँगा है। अगर वह हमें भूमि अधिग्रहण करके देगी, तो हम पोर्ट का बाकी काम करेंगे। अभी तक राज्य सरकार की ओर से भूमि अधिग्रहण के बारे में किसी प्रकार की सहमति नहीं मिली है। इस कारण अभी तक यह काम आगे नहीं बढ़ सका है। अगर राज्य सरकार भूमि अधिग्रहण की लागत वहन करने के लिए तैयार है, तो इस पोर्ट का बाकी काम करने के लिए हम भी तैयार हैं।

श्री शमशेर सिंह मन्हास : मैं जम्मू-कश्मीर से आता हूँ। यह प्रदेश पहाड़ी क्षेत्र है और खास करके कश्मीर को हमेशा मुकुट मणि कहा जाता है। क्या रामवन से बनिहाल तक फोर लेन बनाने की कोई योजना है?

श्री नितिन गडकरी : इस परियोजना को मंजूरी मिल गई है। इस पर 2009 से कार्रवाई शुरू की गई थी, लेकिन बी.ओ.टी. में कोई नहीं आया। फिर इस प्रोजेक्ट की कास्ट करीब 2,170 करोड़ रुपए बढ़ गई है। इसका टेंडर हुआ, वर्क ऑर्डर हुआ, प्रधानमंत्री के द्वारा इसका भूमिपूजन भी हुआ और इसके कार्य की शुरुआत हो गई है। इसमें 6 सुरंग, 6 मेजर ब्रिज हैं। वहाँ काम करने में काफी कठिनाइयाँ हैं, क्योंकि वह काफी कठिन रास्ता है। फिर भी काम की शुरुआत हुई है और हमारी कोशिश होगी कि समय पर उसको पूरा करें।

श्री शमशेर सिंह मन्हास : यह फोर-लेन का रास्ता बन जाने के बाद कब तक शुरू हो जाएगा? उस काम में कौन सी एजेंसी लगी है, जो उसको बना रही है? वह काम कब तक पूरा हो जाएगा? यानी वह कब शुरू होगा, समाप्त कब होगा और वह किस एजेंसी के द्वारा बनाया जा रहा है?

श्री नितिन गडकरी : इसका काम शुरू हो चुका है। यह काम lowest standard Hindustan Construction Company का था। हमने 9 सितंबर,

2015 को उनको वर्क ऑर्डर दिया है। उन्होंने मोबिलाइजेशन भी किया है। जब यह प्रश्न आया है, तो मैं, आज फिर वहाँ से इस बारे में पता करूँगा। वहाँ रोड पर मशीनरी लगी हुई है और कार्य की शुरुआत भी हो गई है। इसकी कालावधि तीन साल छह माह की है और हम उससे पहले इसको पूरा करने की कोशिश करेंगे।

श्री राम कुमार कश्यप : इंडियन जर्नल ऑफ सर्जरी के अनुसार हादसों में शिकार 80 प्रतिशत लोगों को golden hour में इलाज नहीं मिल पाता है। प्रश्न यह है कि सड़क दुर्घटनाओं में शिकार लोगों के शीघ्र इलाज के लिए राष्ट्रीय स्तर पर तथा राज्य स्तर पर राजमार्गों पर कितने इमरजेंसी ट्रॉमा सेंटर खोले गए हैं और अगले दो साल में कितने ट्रॉमा सेंटर खोलने की योजना है?

श्री नितिन गडकरी : देश में हर साल पाँच लाख सड़क दुर्घटनाओं में करीब डेढ़ लाख लोगों की मृत्यु हो जाती है। दुर्घटना का एक कारण रोड इंजीनियरिंग भी है। इसलिए हमने देश में 726 दुर्घटनाकारी स्थलों की पहचान कराई है। उनमें सुधार करने के लिए 11 हजार करोड़ रुपए का प्रावधान किया है। यह काम शुरू हो गया है। देश में 96 हजार किलोमीटर नेशनल हाईवे था और हर बार ट्रैफिक में 10-12 प्रतिशत गाड़ी बढ़ जाती थीं। इस कारण भी बहुत समस्या और दुर्घटनाएँ हो रही थीं। देश में कुल 52 लाख किलोमीटर सड़क में 96 हजार किलोमीटर राष्ट्रीय महामार्ग है। देश का 40 प्रतिशत ट्रैफिक सड़क पर चलता है। इसमें दो प्रतिशत राष्ट्रीय राजमार्ग से गुजरता है। हमने 96 हजार किलोमीटर को बढ़ाकर दो लाख किलोमीटर तक ले जाने का निर्णय किया है। इसमें से एक लाख 50 हजार किलोमीटर हमने राष्ट्रीय राजमार्ग घोषित कर दिया है। इससे देश का 80 प्रतिशत ट्रैफिक नेशनल हाईवे पर आएगा। इसके साथ जहाँ दो लेन की सड़क है, वहाँ 10 हजार पी.सी.ओ. पर चार लेन बनाए जाएँगे। पहले 15 हजार पी.सी.ओ. का नियम था, जिसमें हमने बदलाव किया है। बीच में डिवाइडर के साथ चार लेन बनने से दुर्घटना में कमी आएगी। सड़क दुर्घटना के लिए एंबुलेंस दी हैं। आपका सुझाव अच्छा है, हम लोग कोशिश कर रहे हैं कि

Wintex
Extra Soft & Super Absorbent

नेशनल हाईवे की बगल में ट्रामा सेंटर का मॉडल तैयार हो। सुप्रीम कोर्ट ने अभी एक अच्छा निर्णय किया है। दुर्घटना के बाद अगर कोई घायल की मदद करता है, तो पुलिस की तरफ से उसको परेशानी होती थी। हमने इसके लिए गाइड लाइन बनाया था। सुप्रीम कोर्ट ने उस गाइड लाइन को मंजूर कर लिया है। इससे सड़क पर पड़े घायल व्यक्ति की सहायता से लोग डरेंगे नहीं और उन्हें पुलिस की परेशानी का सामना भी नहीं करना पड़ेगा। हमने ड्राइविंग लाइसेंस के लिए इलेक्ट्रॉनिक सेंटर बनाए हैं। जिसमें कंप्यूटर से परीक्षा होगी। इससे भी दुर्घटना में कमी आएगी। हमारी कोशिश है कि पाँच साल में दुर्घटना में पचास प्रतिशत कमी लाई जाए।

श्री राम कुमार कश्यप : सड़क दुर्घटना का एक कारण आवारा पशु और जंगली जानवर भी हैं। क्या इन पशुओं को रोकने की कोई योजना है? कृपया इस बारे में बताने की कृपा करें।

श्री नितिन गडकरी : पशुओं को सड़क पर आने से रोकने की कोई योजना अभी तक नहीं है। ये जंगल से आते हैं, खेत से आ जाते हैं। इनसे बचने के लिए हमने axis controlled express highway तैयार करने का निर्णय लिया है। देश का पहला मुंबई से पुणे express highway बनाने का सौभाग्य मुझे मिला। इसमें सड़क के दोनों तरफ compound wall खड़ी करके, उसको axis control किया था। अब पहली बार दिल्ली का easterly और westerly bypass axis controlled express highway बन रहा है। दिल्ली से मेरठ भी axis controlled express highway बन रहा है। इसलिए जहाँ ट्रैफिक डेंसिटी ज्यादा है, उसमें axis control करने के लिए नई योजना तैयार की है और यह बहुत लंबा काम है। इसमें काफी समय लगेगा। जहाँ इस तरह जानवर आते हैं, वहाँ axis control करने के बारे में हम कोशिश करेंगे।

श्री राजीव शुक्ल : जो दुर्घटनाएँ होती हैं, उनका बड़ा कारण जानवर के साथ ट्रक का भार भी है। सुप्रीम कोर्ट ने भी तय किया है, लेकिन सब उसकी अनदेखी करते हैं। जिसको 20 टन माल ले जाना चाहिए, उसके पास 40 टन होता है। इससे रोड भी खराब होती है और गाड़ी का संतुलन

बिगड़ने से दुर्घटना हो जाती है। इसके लिए रोड सेफ्टी ऑर्गेनाइजेशन ने भी सुझाव दिए हैं। मंत्रीजी ने इस पर क्या एक्शन लिया है? दूसरा, इसका बहुत आसान तरीका रोड पर फेंसिंग का है। जिसे एल्युमीनियम फेंसिंग भी कहते हैं। आप आगरा जाइए, वहाँ इस प्रकार की समस्या नहीं आती है। जब आप हाईवे बनाते हैं, तो दोनों तरफ यह फेंसिंग व्यवस्था क्यों नहीं की जाती। इससे कभी कोई जानवर नहीं आ पाएगा।

श्री नितिन गडकरी : सम्मानित सदस्य ने जो बात कही है, वह सही है कि दस टन की क्षमता होने के बावजूद ट्रकों में 15 या 18 टन माल भरा जाता है। आपको तो पता ही है कि बहुत बड़े स्तर पर यह सब्जेक्ट कॉन्करेंट लिस्ट में है। इस पर राज्य की तरफ से कानूनी कार्रवाई करने का अधिकार है। यह समस्या बहुत कठिन और जटिल है। आपने जो बात कही है, वह सच है कि इससे सड़क खराब होती है और इसमें भ्रष्टाचार भी बहुत होता है। हमारे 380 राष्ट्रीय राजमार्गों पर टोल है। हमने इसको फास्ट ट्रैक में बदल दिया है। मुझे लगता है कि इस फास्ट ट्रैक में मार्च अंत तक उनको मोहलत दी गई थी। हर जगह एक स्टीकर मिलेगा, जिसकी वजह से आपको कहीं गाड़ी रोकने की जरूरत नहीं पड़ेगी। वैसे ही हर टोल नाके पर हम लोग वेइंग ब्रिज तैयार कर रहे हैं। वेइंग ब्रिज पर जब उसका वजन होगा, तो सेटैलाइट से सीधे हमारे ऑफिस में पता चल जाएगा कि ट्रक में कितना माल लदा है। आपने जो दूसरी बात फेंसिंग की कही है, वह भी बहुत अच्छी है। हमने हर रोड ठेके की लागत में एक प्रतिशत प्लांटेशन, ट्रांसप्लांटेशन, ब्यूटीफिकेशन ऐंड मेंटेनेंस के लिए रखा है। मैंने जब से मंत्रालय का चार्ज सँभाला है, तब से हमने डेढ़ लाख करोड़ रुपए के रोड कॉन्ट्रैक्ट्स साइन किए हैं। हमने 1500 करोड़ रुपए अलग से रखा है। इसके ऊपर एक वर्कशाप भी की है, जिसमें साढ़े तीन हजार एन.जी.ओ. और अन्य संस्थाएँ आई थीं। इस प्लांटेशन, ट्रांसप्लांटेशन और ब्यूटीफिकेशन के लिए ग्रामीण विकास विभाग ने 10 लाख प्रति किलोमीटर के हिसाब से धनराशि दी है। जो नर्सरी की बात हुई है, हम इसके लिए भी पैसा देंगे। इसमें चैरिटेबल संस्था होगी, शिक्षण संस्थान होंगे, निजी कंपनियाँ होंगी। जानवर नहीं आने

पाएँ, इसके लिए कंपाउंड वाल बनाने की कोशिश करेंगे। काँटेदार झाड़ियाँ यदि सड़क की बगल में लगा दी जाएँ तो उनसे जानवर नहीं आ पाते। हमने सड़क किनारे पेड़ लगाने को कहा है। आपके सुझाव के हिसाब से हम कम खर्च वाला कोई रास्ता निकालने का प्रयास करेंगे।

श्री आर.के. सिन्हा : मैं माननीय मंत्रीजी से पूछना चाहता हूँ कि क्या ड्राइवरों के प्रशिक्षण के लिए पूरे देश में विद्यालय खोलने का विचार है? उन्हें सिर्फ प्रैक्टिकल प्रशिक्षण के आधार पर लाइसेंस मिलता है। किसी तरह की अन्य जानकारी जैसे दुर्घटना से बचने के बारे में कोई शिक्षा प्राप्त नहीं होती। उनको मानसिक रूप से भी तैयार नहीं किया जाता है कि सड़क पर वे कैसा व्यवहार करें। अभी जो ड्राइविंग इंस्टीट्यूट चल रहे हैं, वे सिर्फ ट्रांसपोर्ट ऑफिस से लाइसेंस दिलाने की दलाली का काम करते हैं। उनका कोई प्रशिक्षण नहीं होता। क्या आप सरकारी स्तर पर हाईवे की जमीन पर या चाहे जहाँ भी, राज्य सरकारों से बात करके बड़े पैमाने पर ड्राइविंग प्रशिक्षण और लाइसेंस के लिए कोई संस्थान खोलने पर विचार कर रहे हैं, ताकि ड्राइवर को संवेदनशीलता के प्रति जागरूक किया जा सके, जिससे सड़क दुर्घटना न हो।

श्री नितिन गडकरी : यह बात सही है कि भारत में बहुत आसानी से लाइसेंस मिल जाता है। देश में 22 प्रतिशत ड्राइवर की कमी है। यह एक बहुत बड़ी समस्या है। मैं, 'मोटर व्हीकल ऐक्ट' में आपका सहयोग चाहता हूँ। इस पर हमने जब अध्ययन किया तो 30 प्रतिशत लाइसेंस बोगस निकले। जब मैं महाराष्ट्र में मंत्री था, तब मेरा एक्सीडेंट हुआ था, उसमें मैं मरते-मरते बचा था। उस समय अपने विभाग के सरकारी ड्राइवरों की आँखों की जाँच कराई तो उसमें 40 प्रतिशत ड्राइवर कैटेरेक्ट वाले निकले। मैं, आप सभी से अनुरोध करता हूँ कि यदि आप के पास सरकारी गाड़ी है, तो प्राइवेट डॉक्टर से ड्राइवर की आँख की जाँच करा लें। हमने देश में 19 सेंटर शुरू किए हैं। ये सेंटर देखने लायक हैं। आप जब ड्राइविंग परीक्षा देंगे तो वह कंप्यूटर द्वारा ली जाएगी। इसमें कंप्यूटर आपको पास-फेल करता है। अगर कंप्यूटर ने पास कर दिया, तो वह इ-मेल के जरिए सरकारी दफ्तर में सूचना

जाती है। इसमें तीन दिन के अंदर लाइसेंस देने का प्रावधान किया गया है। अब हमारा प्रयास है कि इन सेंटरों के माध्यम से हम फिटनेस सर्टिफिकेट, प्रदूषण सर्टिफिकेट देंगे, ड्राइविंग की ट्रेनिंग के साथ सर्विस स्टेशन भी शुरू करेंगे। सारे सेंटर ग्रामीण क्षेत्रों में खोलने का निर्णय लिया है। इसमें सरकारी मदद की बात भी हमने की है और इनके लिए हम राज्य सरकार से सहयोग भी ले रहे हैं। देश के अलग-अलग हिस्सों में, जिनमें खास तौर पर ग्रामीण क्षेत्रों में करीब 5,000 सेंटर खोले जाएँगे। इनमें श्रमशक्ति को प्रशिक्षित किया जाएगा तथा सुरक्षा संबंधी प्रशिक्षण भी दिया जाएगा। माननीय सदस्य ने ड्राइवर की मानसिक थकान के बारे में बात कही है। हमने इसके लिए महत्त्वपूर्ण निर्णय किया है। सभी कंपनियों को कहा गया है कि वे ट्रक ड्राइवर का केबिन वातानुकूलित बनाएँ। ड्राइवर 12 घंटे गाड़ी चलाता है, जिससे उसका मानसिक स्वास्थ्य बिगड़ जाता है। कारण, गरमी में चालक की केबिन का तापमान 47 डिग्री सेग्री तक चला जाता है। इसीलिए हमने कहा है कि ट्रक ड्राइवर के केबिन को वातानुकूलित बनाया जाए।

श्री भूपिंदर सिंह : माननीय मंत्रीजी से कहना चाहता हूँ कि दुर्घटना को देखते हुए चार लेन वाले नेशनल हाईवे के लिए नियम बना देना चाहिए कि पहली लेन पर केवल सौ की रफ्तार वाले वाहन चलेंगे। वहाँ किसी भारी वाहन का प्रवेश नहीं हो। धीमी रफ्तार वाले वाहन जैसे 24 चक्के की लंबी-लंबी गाड़ियाँ पहली लेन में चलती हैं। उन्हें बंद करने के लिए कोई व्यवस्था बनाई जानी चाहिए। इसके साथ मैं यह भी जानना चाहता हूँ कि क्या दो पहिया वाहनों के लिए सड़क में कोई अलग लेन बनाने के बारे में भी सोचा जा रहा है।

श्री नितिन गडकरी : यह बात बिल्कुल सही है कि पहली लेन तेज रफ्तार के छोटे वाहनों के लिए होनी चाहिए। वह लेन उन्हीं के लिए होती है। ट्रक के लिए पहली लेन नहीं होती। भारत में ट्रैफिक नियम के पालन को लेकर बहुत उदाशीनता है। मैं माननीय सदस्य को विश्वास दिलाना चाहता हूँ कि आनेवाले समय में हम नेशनल हाईवे पर कैमरा लगाने जा रहे हैं। अगर कोई भी ट्रक गलती से भी उस लेन में जाएगा तो उसकी फोटो कैमरे में आ